Fulbert Steffensky
Wo der Glaube wohnen kann

Fulbert Steffensky

Wo der Glaube wohnen kann

Kreuz Verlag

CIP-Titelaufnahme der Deutschen Bibliothek

Steffensky, Fulbert:
Wo der Glaube wohnen kann / Fulbert Steffensky. – 1. Aufl. –
Stuttgart: Kreuz-Verl., 1989
ISBN 3-7831-0957-4

1. Auflage 1989

Umschlaggestaltung: Jürgen Reichert
Gesamtherstellung: Ebner Ulm
ISBN 3 7831 0957 4

Inhalt

Für Mirjam,
daß sie ihr Haus findet,
wo Trost und Gerechtigkeit wohnen

Die Kunst der Bezweiflung

Unsere Tradition ist eine Lehrerin, die stumm bleibt, wenn man ihr keine Fragen stellt. Die Fragen, die wir dieser Lehrerin stellen, diktiert uns das Leben selber: Wie leben wir? Wie gehen wir mit dem Leben um? Was bedroht unsere Hoffnung? Wie geht das Leben mit uns um? Werden die Fragen unseres Lebens der alten Lehrerin gestellt, dann wird ihre Stimme hörbar und ihre Weisheit für uns einsichtig. Unsere Fragen und ihre Weisheit ergeben zusammen ein Gespräch, das auf dem Weg zur Wahrheit ist.

Was ist also unsere Lage? Was sind die Fragen, die uns quälen, auf die wir keine Antwort wissen und mit denen wir unsere christliche Tradition zum Sprechen bringen? Theologische Sätze sind nicht von einer zeitlosen Gültigkeit und Hörbarkeit. Sie sind brauchbar und hörbar, je mehr man erkennt, warum sie in einer bestimmten historischen Situation gesagt sind, gegen wen sie sprechen und für wen sie eintreten. Ein guter theologischer Satz muß also einen Freund und einen Feind haben; er hat Interessen. Oft brauchen die Sätze der christlichen Tradition gar nicht besonders aufgeschlüsselt oder angewandt zu werden, wenn allen deutlich ist, in welchem Kontext sie gesprochen sind. Der Kontext des Lebens selber macht diese Sätze zu hörbaren Sätzen.

In der amerikanischen Friedensbewegung spielen die Geschichte von Herodes, der Kindermord und die Flucht nach Ägypten eine besondere Rolle als Symbol der friedlosen Gewalt, die sich ihre Opfer sucht, und als Verschlüsselung des unüberwindbaren Glaubens an den Frieden Gottes, der diese Macht überwinden wird. Jeder weiß auch ohne Auslegung, was gemeint ist, weil jeder die Fragen kennt, die dieser Text formuliert und auf die er antwortet.

Ich möchte zunächst in wenigen Strichen den Kontext

zeichnen, in dem wir unseren Glauben versuchen und in dem wir unser Christentum gestalten. In drei Sätzen will ich die neue Notwendigkeit und die Schwierigkeit zu glauben beschreiben:

– Das nicht mehr durch den Zusammenhang einer Tradition oder eines Kollektivs bestimmte Subjekt ist zwar frei, aber es ist bedroht, seiner eigenen Zufälligkeit und Undeutlichkeit zu verfallen.

– Das in der gegenwärtigen Welt angewachsene Todeswissen stört unsere Hoffnung auf das Gelingen des Lebens und die Zuversicht auf den Grund des Lebens.

– Wo Religion stirbt und damit die Sprache einer Vision vom gelingenden Leben, bleibt das Subjekt nicht frei; es verfällt neuen inneren Besetzungen.

1. Der Bruch mit dem Zusammenhang

Die erste These möchte ich zunächst erläutern, indem ich einen Vergleich ziehe zwischen der Art, wie ich selbst als Kind aufgewachsen bin, und der Art, wie unsere heute achtzehnjährige Tochter in einer Großstadt groß geworden ist. Aufgewachsen bin ich in einem katholischen Dorf. Wer in diesem Dorf lebte, konnte dem Kollektiv nicht entgehen. Jeder kannte jeden, eine Tatsache mit oft schrecklichen Konsequenzen. Es war nicht nur das einzelne Subjekt bekannt, man kannte die Menschen auch in ihrer Herkunft, und man war immer schon definiert als der Sohn des X und die Tochter der Y. Jeder sah jeden, und jeder kontrollierte jeden. Das Potential von Bösartigkeit in einer solchen Situation ist offenkundig. Aber die Öffentlichkeit des Subjekts war nicht nur zu seinem Schaden. Man sah auch, wenn einer in Not war und litt; man sah, wenn er trauerte. Die Hilfsbereitschaft eines solchen Gebildes war so groß und so selbstverständlich wie die Bosheit.

Das Dorf hatte eine »Lehre«. Es war dem einzelnen immer gesagt, woran zu glauben und was zu tun war. Der

Nachteil liegt auch hier wieder auf der Hand: Denken und Freiheit waren verboten. Der einzelne war immer schon Beute der Toten, der Vergangenheit und des Allgemeinen. Kann man einer solchen Situation einen Vorteil abgewinnen? Vielleicht diesen: Der einzelne brauchte sich nicht ständig neu zu erfinden in dem, was er glauben und was er als Lebensabsicht verfolgen sollte. Es war etwas da, was man übernehmen konnte oder wovon man sich zumindest abwenden konnte. Denn das sind zwei Möglichkeiten des Subjekts, das eigene Gesicht zu finden: daß man etwas übernimmt und sich einfügt oder daß man sich von einer vorliegenden und angebotenen Lebensgestalt abwendet und sie verläßt.

In einem Seminar habe ich einmal mit Studenten den Zusammenhang von Tradition und Identität behandelt. Die Teilnehmer des Seminars kamen überwiegend aus der Großstadt und kannten traditional vorgeformte Situationen kaum. Durch einen Zufall waren einige Studierende dabei, die früher zu Freikirchen gehörten, diese aber verlassen hatten. Sie kämpften gegen ihre eigene Vergangenheit und beklagten sich über die Restriktionen, die sie dort erleiden mußten. Eine Hamburger Studentin sagte schließlich zu ihnen, als sie deren Abneigung gegen die eigene Vergangenheit erlebte: »Ihr habt es gut. Ihr könnt wenigstens von etwas weggehen!«

Das Kollektiv meiner Kindheit hatte viele Gesten der Selbstvergewisserung und der Selbstverdeutlichung. Man stieß dauernd auf Feste, Bräuche, Rituale, Ordnungen, in denen die Menschen ihre Absichten und ihren Glauben ausdrückten und erneuerten. Was sie wollten und woran sie glaubten, fand also eine Figur, und so blieben ihre Wünsche langfristig und waren nicht der jeweiligen Zufälligkeit ausgesetzt.

Es waren ein Kollektiv und eine Lehre da, es lagen Gesten der Selbstverdeutlichung vor. Ich will damit nicht sagen, daß jenes Dorf darum schon ein sinnvolles Lebensgebilde war. Dazu unterdrückte es das Subjekt zu sehr, und dazu waren die dort eingeübten Lebensinhalte zu zweideutig. Aber es gab etwas, das Lebensgewißheit hätte möglich machen können und ohne das eine solche Gewißheit schwer zu erlangen ist: ein Kollektiv, eine Lehre und eine Figur dieser Lehre in den Gesten der Selbstdeutung.

Meine Tochter wächst in der Großstadt anders auf. Es ist kaum ein Kollektiv da, das sie sieht und kontrolliert. Die Familie ist fast das einzige. Eine Familie aber ohne den Zusammenhang mit anderen Gruppen und ohne ihre Unterstützung ist meistens schwach. Das bedeutet, daß sie einsamer groß wird, als wir es geworden sind. Es gibt weniger Menschen, die ihr dabei helfen. Sie hat weniger Lehrer und Lehrerinnen. Und so ist sie viel mehr darauf angewiesen, selbst zu erfinden und sich selber auszudenken, was trägt im Leben, was man mit Ernst verfolgen und wofür man leben kann. Sie ist frei, aber einsam. Wir waren unfrei, aber nie allein. Die Frage des Dorfes war: Wie verhalte ich mich, damit das übermächtige Allgemeine mich nicht verschlingt; daß es mich atmen und Subjekt werden läßt? Die neue Frage der Stadt ist: Wie entkommen wir unserer Einsamkeit und Gestaltlosigkeit? Wie können wir uns verbinden mit einem Allgemeinen, das trägt? Wo sagt uns einer, welche Absichten wir mit unserem Leben haben sollen, und wie entkommen wir unserer subjektiven Beliebigkeit?

Mit diesen Fragen umzugehen bedeutet eine schwere Lebensarbeit, bei der viele in Melancholie und Zweifel auf der Strecke bleiben, hauslos und einsam. In dieser Lage hat meine Tochter aber eine Möglichkeit, die uns fehlte und die doch ungemein heimatstiftend ist: Sie hat die Wahl. Unsere alten Heimaten waren immer verhängte Heimaten und Häuser. Man war darin geboren, man war darin geborgen, aber immer nur bis zu einem gewissen Grad. Denn man lebt auch in der dichtesten Heimat fremd, wenn man in ihr keine Wahl hat: wenn man die Menschen nicht auswählen kann, mit denen man umgeht; wenn man den eigenen Lebensentwurf nicht wählen kann; wenn man sein Verhalten nicht selbst bestimmen kann. Ehe wir uns verhalten konnten, waren wir immer schon besetzt von den Erwartungen, von dem Glauben und von den Gedanken der anderen. Meine Tochter dagegen kann sich in ganz anderer Weise Heimat schaffen, weil sie wählen kann; weil sie selber erklären kann, zu wem sie gehört, was sie liebt; auch, von wem sie sich trennen will und was sie verachtet. Die wahre Heimat wäre vielleicht da, wo beides möglich ist: etwas vorzufinden, was man nicht selbst erschaffen hat; nicht nur selber klug sein müssen, sondern auch Lehrer und Lehrerinnen zu haben; und wo es zugleich möglich ist, diese Heimat zu verlassen, um sich eine andere zu wählen.

2. Das neue Todeswissen

Es hat wohl noch nie eine Zeit gegeben, in der die Zusammenhänge der Welt so sichtbar waren und in der zugleich die innere Lebenskontinuität der Menschen so verlorengegangen ist. Die Zusammenhänge sind sichtbar geworden: Wir können uns zumindest potentiell unsere Lebenswelt erklären wie nie zuvor. Wir können naturwissenschaftliche, psychologische und gesellschaftliche Sachverhalte weithin durchschauen und ihre Gesetzmäßigkeiten herausfinden. Wir wissen, wie ein Gewitter entsteht, und hören im Donner nicht mehr die grollende Stimme Gottes. Wir wissen, aus welchen Interessen oder ideologischen Verblendungen Kriege gemacht werden, und wir brauchen ihre Entstehung nicht mehr auf die strafende Hand Gottes zurückzuführen. Folge dieses angewachsenen Erklärungswissens könnte sein, daß wir uns heimischer fühlen auf dieser Erde. Mit der Erforschung der Gesetzmäßigkeit der Sachverhalte und mit diesem Erklärungswissen ist auch unsere Handlungsfähigkeit gewachsen. Wir beten nun nicht mehr, wenn ein schlimmes Gewitter ist; wir stellen keine Gewitterkerze mehr auf vor dem heiligen Judas Thaddäus, wie es bis vor einiger Zeit Brauch in vielen katholischen Gegenden war; wir bauen einen Blitzableiter. Die Tugenden der Menschen verändern sich; die

Haltungen des Erduldens werden abgelöst durch Tugenden der Aktivität. Wir gestalten die Welt, und wir wehren uns gegen die Welt. Das macht uns heimischer in dieser Welt. Denn das, was man in seinen Gründen erkennt, und das, wogegen man sich wehren kann, schreckt uns nicht in der Weise, wie uns das Unbekannte schreckt. So haben sich im Fortschritt der Durchschaubarkeit der Welt sicher tiefe und den Menschen unablässig verfolgende Ängste gemildert oder sind ganz verlorengegangen, zum Beispiel die Angst früherer Zeiten vor dem Gewitter. Wir könnten also heimischer sein auf dieser Welt, geborgener, dem Leben mehr vertrauend.

Das Kausalwissen, das gewachsen ist und das uns im einzelnen furchtloser sein läßt, ist aber immer und prinzipiell ein Teilwissen. Es sind Erklärungen, die ein einzelnes erklären, nie aber wie das alte mythische Wissen den Zusammenhang aller Dinge nennen. Der Satz »Kriege kommen aus der Hand Gottes«, den ich noch in einem Religionsbuch aus den fünfziger Jahren finde, erklärt ja nicht nur den Krieg. Er nennt zugleich mit dieser Erklärung einen Zusammenhang aller Dinge, er nennt »Gott«. Es ist eine Art Wissen höherer Ordnung. Und so schrecklich die Erklärung in diesem Fall sein mag, so beruhigt sie doch, weil sie ein Ganzes nennt. Einen Grund des Lebens nennen zu können, das scheint zu beruhigen, auch wenn der Grund unter Umständen schrecklich und falsch ist. So macht die Zerstörung der mythischen Welterklärung den Menschen zugleich freier und einsamer. Freier: Die falschen Götter des Zusammenhangs und der Erklärung der Welt sind gestürzt, die Wahrheit ist gewachsen, und der Mensch kann handeln. Einsamer: Der Mensch erkennt zwar Gründe für die Erscheinungen, also einen äußeren Zusammenhang, aber keinen »Sinn« mehr, den das mythologische Wissen immer mitgeliefert hat, auch wenn der »Sinn« vielleicht bösartig war. Diese Einsamkeit brauchen wir nicht zu bedauern, so schwer sie vielleicht zu ertragen ist. Es gehört zur Erwachsenheit des Menschen, auf Totalitäten verzichten zu können, auch auf die Totalität der Erklärung der Welt. Vielleicht gehört es zur inneren Kontinuität des Menschen, auch ein einzelnes sinnvoll finden zu können und den Lebenssinn nicht erst in Gesamterklärungen zu behaupten. Ein erwachsener Mensch müßte es aushalten, sagen zu müssen: Ich weiß es nicht; ich verklage das Leben nicht, nur weil ich es nicht in all seinen Zusammenhängen sehe, und ich verzichte auf die falschen Erklärungen.

Die angewachsenen Welterklärungen und die daraus folgende größere Handlungsmacht des Menschen beheimaten ihn nicht nur, sie führen ihn auch in eine Erfahrung eines tiefen Zwiespalts. Eine Zeitlang hat das neue Wissen den Menschen optimistisch gemacht, und es schien eine Selbstverständlichkeit, daß der Fortschritt des Wissens und der Handhabung der Welt ein Fortschritt der Humanität und der Lebensgewißheit des Menschen bedeutet. Dieses optimistische Gefühl haben wir verloren. Mit den Erklärungen scheinen die Lebensrätsel und das Gefühl der Unwirtlichkeit der Welt zu wachsen. Der Sternenhimmel, der früheren Generationen Trost und Gewißheit gab (»Gott der Herr hat sie gezählet!«), lehrt uns eher unsere Einsamkeit und die Verlorenheit der Welt im All, obwohl wir doch seine Gesetze ganz anders kennen als die Menschen, die das Lied »Weißt du, wieviel Sternlein stehen« gesungen haben. Die Rätsel wachsen mit der Zunahme der Erklärungen.

Etwas anderes macht uns das Leben kalt: Das Erklärungswissen enthält keine Moral. Es sagt dem Menschen zwar, was er tun kann mit der Welt; es ist ihm ein Mittel seines Profits und seines Interesses, aber es sagt nichts über sein Ziel und seine Humanität aus. Es ist ein Wissen ohne Güte, es ist der Humanität des Menschen gegenüber neutral, und es enthält keine Weisheit. So sehen wir, daß der Mensch sein Wissen in einem Maße wie nie zuvor gegen seine eigene Gattung und gegen die Natur anwendet. Wissen ohne Moral wird zum Tötungswissen.

Was ist hier unter Todeswissen verstanden? Im unmittelbaren Sinn ein Wissen, mit dessen Hilfe ich die Welt vernichten kann. Dieses Wissen produziert und wendet ein großer Teil der Wissenschaftler an in der Erforschung neuer Techniken der Vernichtung. Todeswissen ist es auch in einem anderen Sinn: Ein Wissen ohne Güte wird zum Behandlungswissen. Ein gütiges Wissen würde uns zunächst sagen, was die Dinge sind. Ein Wissen ohne Güte lehrt uns hauptsächlich, wie man die Dinge benutzt, wie man sie sich dienstbar macht. Es ist also ein Wissen, das nie unabhängig ist von unseren eigenen Interessen und Zwecken. Ein Baum ist nicht ein Baum, sondern benutz- und verkaufbares Holz. Ein Fluß darf nicht ein Fluß sein, er wird zur Wasserstraße; er kann begradigt und unseren Absichten unterworfen werden. Dinge und Menschen haben vor diesem Wissen keinen Selbststand, sondern eine Bedeutung nur hinsichtlich ihrer Verwertbarkeit. Es ist also ein separatistisches Wissen, das die alte mythische Verbundenheit des Menschen mit seiner Welt auflöst und in dem das eigenständige Leben der Natur, der Tiere und der Menschen uns zur Beute wird. Obwohl wir also Zusammenhänge mehr als zu anderen Zeiten erkennen, wird zugleich der innere Zusammenhang der Dinge geleugnet und zerstört, wo das Leben uns hauptsächlich als Beute und verwertbares Material unserer Interessen erscheint. Zerstörung des Zusammenhangs heißt aber zugleich Zerstörung des Sinnes. »Ich sehe keinen Zusammenhang«, sagen wir, wenn wir einer Sache den Sinn absprechen. »Er redet zusammenhanglos«, sagen wir, wenn wir meinen, daß jemand sinnlos redet. Der Sinn der Welt wird nicht vorrangig durch Wissen hergestellt, sondern durch Liebe und Vereinigung. Im alten Wort Erkennen waren Wissen und Lieben noch zusammen. Erkennen konnte zum Synonym von Lieben werden: »Er erkannte sein Weib, und sie wurde schwanger« (1 Mose 4,1). Das Bemächtigungswissen ist ein Wissen ohne Erotik, ein Herrschaftswissen und kein Vereinigungswissen. Wenn dieses Jägerwissen die Hauptform des menschlichen Wissens wird, dann stößt der Mensch die Dinge von sich, mit denen er in Verbundenheit leben soll. Er vereinsamt sich selber zu einem monadischen Subjekt, das aus der eigenen Kraft leben, kämpfen und bestehen will und das als Zusammenhang nur den Zusammenhang zwischen Herrn und Knecht, zwischen Benützer und Benutztem kennt. Diese Zusammenhanglosigkeit und Einsamkeit des Menschen ist das Prinzip der Sinnlosigkeit und der inneren Diskontinuität des Lebens. Das Subjekt wird immer selbstbezogener und selbstverpflichteter. Es ist sich Gott geworden, weil es außer der Absolutheit der eigenen Interessen keine andere Absolutheit mehr kennt, gottlos im endgültigen Sinn des Wortes. Der Atheismus, der in Sätzen Gott leugnet, ist ein Kinderspiel gegen den praktischen Atheismus, in dem der Mensch die Verbindung zum übrigen Leben leugnet und sich als endgültiger Benutzer der Welt aufspielt. Die Wurzel aller Gefühle von Sinnlosigkeit liegt also nicht hauptsächlich darin, daß es uns so schwer gelingt, die Sätze des Sinnes und des Zusammenhangs der Welt, die die Tradition kannte, nachzusprechen. Sie liegt vor allem darin, daß wir Lebendes wie Totes behandeln. Sie liegt in unserer separatistischen Bewegung dem Leben gegenüber. Mir fällt an dieser Stelle als Bild eines sinn- und zusammenhanglosen Lebens die Geschichte vom reichen Kornbauern aus dem Lukas-Evangelium ein (Lukas 12, 16–21): Ein Mann hat zusammengerafft, was er raffen kann. Seine Äcker haben gut getragen. Er häuft das, was zum Leben aller notwendig ist, an. Er baut neue Scheunen, um alles verstauen zu können. Er verläßt sich auf seinen Reichtum. Er sagt sich selber: Mir geht es gut. Und siehe, der Tod hat ihn schon gefressen. Das Leben hat er sich selbst genommen mit jeder Geste der Anhäufung, des Raubes und der Trennung vom Leben.

Die Welt beherrschen, sich aus dem geschwisterlichen Zusammenhang der Dinge bringen und so Gott leugnen als den verbindenden Grund der Dinge – das hat Folgen für unsere Möglichkeit, in dieser Welt zu leben. Der Kornbauer spricht zu sich selbst: Du hast viele Güter auf viele Jahre daliegen; ruhe aus, iß, trink, sei fröhlich! Dieser Appell an sich selbst zur Fröhlichkeit und zum Lebensgenuß ist vergeblich. Denn mit seinen Scheunen hat sich der Kornbauer das Gefängnis seines eigenen Wahnsinns gebaut.

Was ist denn das Wahnhafte an der Existenz und an der Identität des Bauern, der die Isolation vom übrigen Leben gewählt hat? Im Wahnsinn verliert der Mensch die innere Verbindung zum übrigen Leben. Seine Sprache ist eine Privatsprache, sie drückt den Sprecher aus, aber sie reicht nur scheinbar noch bis zu anderen Menschen. Und die Sprache des übrigen Lebens langt nicht in den Wahn des Kranken. Weil die Welt für den Kranken sprachlos geworden ist, reicht ihr Trost nicht mehr bis zu ihm. Er ist ein heilloser und unerträglicher Gast seiner selbst. Er ist erbarmungslos mit sich selbst, indem er sich nicht erlaubt, auf mehr zu stoßen als auf sich selbst, sich mit mehr zu beschäftigen als mit sich selbst. Die Einsamkeit führt ihn zu einer panischen und geängstigten Existenz. Er fühlt Menschen und Welt als eine einzige Bedrohung, und er verkennt doch, daß er selbst in seiner Einsamkeit seine größte Bedrohung ist. Er wird sein eigener Gott und sein eigener Teufel. Dieser Kranke erlebt die Wahrheit des menschlichen und christlichen Grundsatzes: Man kann nicht allein leben. Man kann nicht sein eigener Sinngeber, sein eigener Tröster, sein eigener Retter und sein eigener Liebhaber sein. Ich vermute, daß eine ganze Anzahl solcher wahnhafter Züge uns in der ersten Welt gemeinsam ist, Jungen und Alten; uns, die wir imperialistisch mit der übrigen Welt und der Natur umgehen. Imperialismus ist die freiwillige Wahl des Wahnsinns. Er ist nicht nur die Zerstörung des uns umgebenden Lebens, dem wir in der Geste der Beherrscher und Benutzer entgegentreten. Er zerstört uns selber. Die Krise unserer Identität und unserer inneren Kontinuität hat sicher viele Gründe: Traditionsbrüche, die Verstädterung, die Auflösung der Kollektive. Aber als tiefen Grund hat sie auch die Art, wie wir mit der Welt umgehen. Wer sich vom Leben trennt, dem kann das Leben nicht mehr einleuchten; und wer dem Leben zum Feind wird, dem wird das Leben zum Feind.

Kann man dem eigenen Wahn entfliehen? Die Bibel redet manchmal von Verstockung, und sie meint damit, daß der Mensch sich in seiner Bosheit so dichtgemacht hat, daß ihn kein Wort und keine Warnung mehr von außen erreichen. Die Bibel ist realistisch genug, den unrettbaren Untergang des Lebens zu kennen. Aber sie ist auch inkonsequent genug, die Hoffnung der Umkehr nicht zu verschweigen.

3. Die neuen Besetzungen

Vielleicht habe ich vorschnell behauptet, daß der Mensch, nachdem er die Fesseln seiner Tradition losgeworden ist, in anderer Freiheit leben und atmen kann. Gewiß, äußeren Autoritäten gegenüber haben wir Verweigerungsmöglichkeiten, die wir uns früher nie hätten träumen lassen. Wir gleichen aber eher dem Menschen, der im Evangelium beschrieben ist (Matthäus 12,43–45), aus dem der unreine Geist ausgetrieben ist. In das leere und mit Besen gesäuberte Haus dieses Menschen kehrt der alte Dämon mit sieben anderen Geistern zurück. Nachdem die alten Dämonen unserer autoritären Bezwingung vertrieben sind, sind wir ja nicht unbesetzt geblieben. Ich überlege, wer die inneren Räume der Menschen besetzt, nachdem die alten Bezwinger vertrieben und die bisherigen Diktatoren ausgeräuchert wurden. In meiner Kirchengemeinde finden sich sonntags etwa dreißig oder vierzig Menschen zum Gottesdienst. Vielleicht haben aber zwei- oder dreitausend in der Woche die »Schwarzwaldklinik« gesehen oder »Dallas«. Vielleicht finden sich zehn Jugendliche zu einem Jugendkreis oder zu einer Mahnwache für den Frieden. Wie viele aber haben ihre Ritualbedürfnisse beim HSV oder in Spielhallen gestillt. Vielleicht haben fünfzig Menschen aus dieser Gemeinde in der Woche ein Buch gelesen. Wie viele aber nähren sich von Illustrierten, von banalen oder schrecklichen Video-Filmen? Es geht hier nicht darum, kulturmäklerisch Zerstreuung und Unterhaltung zu diskreditieren. Sie haben ein Recht. Wovon aber leben Menschen, wenn eine gesamte Kultur zur Zerstreuungskultur wird? »Schwarzwaldklinik« und »Denver-Clan« sind außerdem nicht nur Zerstreuung und Unterhaltung. Sie vermitteln Bilder vom Leben, und sie lenken die Sehnsüchte der Menschen. Sie diktieren, was man lieben und was man verachten und wie man handeln soll. Sie spielen sich zu den Diktatoren der Innerlichkeit von Menschen auf. Den alten Diktator und Vergewaltiger der Freiheit der Menschen konnte man erkennen, ob es die Kirche war, die Schule oder das Elternhaus. Er hatte eine klare Gestalt und einen eindeutigen Willen; man konnte zumindest in etwa sehen, was er uns antat. Wir haben unter ihm gelitten. Die neuen Diktatoren sind sanfter, schmeichelnder und wohlgefälliger. Wir sehen kaum einen Grund, uns gegen sie zu wehren. Vielleicht zerstören sie so unsere Lebensabsichten und Lebensmöglichkeiten viel gründlicher als die alten Bezwinger.

So stellen sich uns, die wir in haltloser Selbstüberlassenheit leben; unter denen das Todeswissen als Beherrschungswissen angewachsen ist; die wir von neuen inneren Besetzungen bedroht sind, die Fragen: Wie werden wir frei? Wie behalten wir unsere Vision vom Leben? Wie schärfen wir unser Gewissen? Es sind die alten Fragen nach der Innerlichkeit des Menschen und nach seiner Spiritualität unter den Bedingungen unserer Gegenwart. Aus diesen Fragen ergeben sich drei Grundaufgaben, die im folgenden erklärt werden sollen:

– Sich der Welt nicht gleichstellen.
– Den Trost der Geschwister suchen.
– Dem Glauben eine Gestalt geben.

Sich der Welt nicht gleichstellen

Ich erinnere mich an den Besuch bei einer jüdischen Familie in Kalifornien. Diese Familie war traditionsbewußt, aber nicht traditionalistisch versklavt. Sie hielt in etwa die jüdischen Ritualgesetze, sie aß kein Schweinefleisch, sie hielt den Sabbat und arbeitete an diesem Tag nie. Die Kinder lernten die Thora; die Mahlzeiten hatten eine bestimmte Gestalt, es wurde vorher der Segen über Brot und Wein gesprochen. Zugleich hatte die Tradition dieser Familie ein Thema: Der Mann und die Frau, beide Physiker, arbeiteten in der Friedensbewegung. In dem Haus herrschte ein Geist traditionaler Strenge und gegenwärtiger Wachheit. Ihre Tradition hatte ein Thema: die Sorge um die Bedrohung der Welt durch die zunehmende Rüstung. Dieses Thema hatte eine Gestalt und eine Perspektive in der jüdischen Tradition, in ihren Bräuchen und ihren Inhalten, die nicht völlig heutig war und die nicht allein aus den Kräften und der Phantasie dieser Menschen entsprang.

In ihrer Traditionsgebundenheit war diese Familie nie ganz gegenwärtig, nie ganz heutig. Sie hatte eine Sprache, und sie hatte Inhalte, die sich zur Gegenwart und zur Versklavung durch sie sperrig verhielten. Es drang zu ihnen in die einschläfernde, betörende, sich als einzig möglich gebende Gegenwart auch immer eine Nachricht von außen, die widerständig war gegen das, was der Augenblick befahl. Sie hatten eine Gegensprache gegen das Gefängnis und gegen den Triumph des Augenblicks.

Im Perlenlied, einem alten gnostischen Märchen, wird folgendes beschrieben: Der Sohn eines Königs soll das Haus seines Vaters verlassen. Er muß aus dem Osten, dem Ort des Lichtes, in den Westen, den Ort der Vergessenheit und der Betäubung. Im Schlamme Ägyptens soll er eine kostbare Perle finden. Er zieht aus, und als er im Westen ist, erliegt er der schlauen List der Menschen der Betäubung. Im Märchen spricht der Prinz:

»Ich trank von ihrem Trunk des Vergessens,
und ich aß von ihrer verderblichen Speise.
Da vergaß ich, daß ich ein Königssohn bin,
vergaß meinen Auftrag, vergaß auch die Perle.«

Ein Adler bringt ihm einen Brief, der ihn an seine Herkunft erinnert. Er wacht auf aus seinen Todesträumen, er besteht die Gefahren und findet die Perle. Er erkennt, wer er ist, und findet zurück in das Reich des Lichtes.

Wer er ist und was er soll, sagt ihm also nicht die reine Gegenwart, und er erkennt dies nicht, indem er sich selbst betrachtet im schwarzen Schlamm Ägyptens. Eine Nachricht und eine Erinnerung von außen wecken ihn auf. Die Botschaft aus der Fremde ist der Spiegel, in dem er sich erkennt, die Botschaft aus der Heimat, die ihm in Ägypten als Fremde erscheinen muß. Diese Botschaft nimmt ihm die betäubende Gleichzeitigkeit mit Ägypten. Die Ungleichzeitigkeit wird zur Rebellion gegen das Land der Betäubung.

Die amerikanische Familie, die oben erwähnt ist, hat nicht nur sich selber und nicht nur die pure Gegenwart. Sie hat in ihrer alten Tradition noch einen fremden Text, einen Brief, der ihr zur Erinnerung verhilft und der sie trennt von den zwingenden Erwartungen der Gegenwart. Es ist nicht nur der Inhalt des Briefes, der ihr aus Schlaf und Betäubung verhilft. Es ist auch ganz formal die Fremdheit des Briefes, die ihr die Möglichkeit gibt, daß die »Welt«, die Gegenwart mit ihren Zwängen, mit ihrer Korruption und ihrer Verblendung nicht über sie triumphiert. Die Wünsche und Visionen von Menschen werden gereinigt und werden langlebig, wo sie sich in der Fremdheit solcher Texte mit sich selber vergleichen können.

Die Stimme aus der Fremde, die mehr Heimat ist als die Gegenwart, macht die Glaubenden so schwer berechenbar für die Mächte des Augenblicks. Die Stimme hilft ihnen bei der Weigerung zu vergessen, was sein könnte und was versprochen ist. Wie kann man im Augenblick zu Hause sein, wenn man gleichzeitig hört, daß der Blinde sehen und daß der Lahme gehen soll; daß die Mächtigen vom Thron gestürzt werden und daß die Sanftmütigen einmal das Land bestimmen werden! Gegen das fragmentierte Leben sagt die Nachricht: Es geht nichts verloren. Einmal soll jeder zu seiner Schönheit kommen, und einmal soll Gott alles in allem sein. Daß die Gegenwart Stückwerk ist, kann man ja nur lernen am Versprechen des ganzen Lebens. Wenn dies nicht zur Flucht aus der Gegenwart führt und wenn der Mensch die Kraft behält, der Erde treu zu bleiben, obwohl er in der Welt nicht zu Hause ist, dann wird es zu einer politischen Kraft und zu einer anarchistischen Tugend. Gegen die Fangkraft der Gegenwart schreibt Daniel Berrigan:

»Die Juristen neigen zu der Vorstellung, der Mensch sei die Summe seiner Gesetze; die Soziologen, er sei die Summe gesellschaftlicher Phänomene; die Philosophen, er sei die Definition seiner eigenen Weisheit und Logik; religiöse Menschen, er sei mit seiner eigenen Religion identisch. ... Aber ich wage, auf die Tatsachen des Lebens gestützt, zu behaupten, daß es manchmal notwendig ist, all diesen Definitionen zu entfliehen, um Mensch zu bleiben. Man muß das Getto öffnen, dem Gesetz den Gehorsam verweigern, die eigene Rasse verleugnen, über die Religion hinauswachsen. Um Student sein zu können, muß man die Columbia-Universität angreifen. Um ein Bürger sein zu können, ist es notwendig, auf den Straßen Chicagos zu marschieren. Um dem Gesetz gehorchen zu können, ist es notwendig, ihm die Stirn zu bieten. Menschen sind ungehorsam, zerstören, brechen die Gesetze. Sind sie deshalb wirklich kriminell? Oder ist etwas Tieferes, Geheimnisvolleres am Werk? Kann die Überschreitung des Gesetzes in gewissen Fällen eine Funktion des Gewissens darstellen?«

Die Überschreitung der Gesetze und der Ausbruch aus den Gefängnissen, die als Häuser getarnt sind, in denen man wohnen kann, ist eine Funktion des Traums und der Versprechungen, die uns gemacht sind.

Ich mache mir einen Einwand: Ist dies nicht eben jener christliche Totalitarismus, der Menschen in vielen Generationen neurotisiert hat, daß sie unfähig wurden, in der Gegenwart zu leben; unfähig, anders als ausgestreckt und zukünftig zu leben? Auf einer Wand in der Hamburger Universität steht von einem Studenten geschrieben: »Es muß doch mehr geben als alles!« Darf man denn nicht leben, wenn man noch nicht im Alles und im Ganzen leben kann? Verdamme ich mich nicht selbst zu ewiger Jugendlichkeit, in der ich dem Leben das Lob verweigere, wenn es mir nicht als ganzes und als erfülltes erscheint? Und führt dies nicht zu einem Perfektionsdenken, das mich vor allem auch mir selber gegenüber tief entmutigt? Und in der Tat gibt es christliche Figuren, die Heilige genannt werden und die doch nichts anderes sind als lebendige Verneinungen der Gegenwart. Es muß doch mehr geben als alles.

Die Sehnsucht nicht zu verlieren, in der ich weiß, daß ich meine volle Bürgerschaft in einem anderen Land habe, das ist das eine. Das andere ist die Tugend, im Angebrochenen das Ganze sehen zu können; die Fähigkeit, das Halbe wollen zu können, wenn das Ganze nicht erreichbar ist, ohne das Ganze aus dem Auge zu verlieren. Erwachsen sein heißt, zu diesem Widerspruch fähig zu sein. Was die Fülle und was das ganze Leben ist, lernen wir aus dem, was uns fehlt und woran wir leiden. Aber wir lernen es auch an dem, was schon gelungen und schon geglückt ist: an der Schönheit, die schon ins gegenwärtige Leben scheint; an der Ungebrochenheit, die Nelson Mandela nach vielen Jahren Gefängnis hat; am Sturz der Somazas; an den Freundschaften, die glücken, und am Wein, der jetzt schon trinkbar ist. Jedes Kleinc, das gelingt, führt uns ein in das Große und in das Ganze, das kommen soll.

Teresa von Avila aß einmal mit einem Theologen zu Mittag. Die Tafel war gut und reich. Und zum Schluß gab es eine wundervolle Süßspeise. Ihr Freund, der Theologe, aß und zieh sich gleichzeitig seiner Freude am Essen. »Wie hinfällig ist der Mensch«, sagte er, »daß er sich durch eine gute Speise fangen und ablenken läßt!« Und Teresa: »Wenn diese Süßspeise schon so gut ist, wie süß muß dann unser Schöpfer sein!« Die Süße des Angebrochenen lehrt uns die Süße des Ganzen.

Die pure Gegenwart verdummt. Der Glaube, der mehr verlangt als diese Gegenwart, lehrt uns, an ihr zu zweifeln. Skepsis und Zweifel sind keine leichten Tugenden, und sie werden eher geahndet als belohnt.

»Belehrt
Von ungeduldigen Schulmeistern, steht der Arme und hört
Daß die Welt die beste der Welten ist und daß das Loch
Im Dach seiner Kammer von Gott selber geplant ist.
Wirklich, er hat es schwer
An dieser Welt zu zweifeln ...
Da sind die Unbedenklichen, die niemals zweifeln.
Ihre Verdauung ist glänzend, ihr Urteil ist unfehlbar.
Sie glauben nicht den Fakten, sie glauben nur sich. Im Notfall
Müssen die Fakten dran glauben. Ihre Geduld mit sich selber
Ist unbegrenzt. Auf Argumente
Hören sie mit dem Ohr des Spitzels.«

(Bertolt Brecht)

In dem Film Shoah, der die Vernichtung der Juden in den Konzentrationslagern beschreibt, erzählen die Dorfbewohner von Chelmno, wie die Juden von den Nazis in eine Kirche getrieben und von dort zur Vergasung abtransportiert wurden. Schließlich fragt sie Claude Lanzmann, der Autor des Films: »Wie konnte Ihrer Meinung nach den Juden diese Geschichte passieren?« Die Leute aus dem Dorf sind sich einig: »Es war der Wille Gottes, das ist alles.« Und eine Frau antwortet: »Als Pontius Pilatus sich die Hände gewaschen hat, sagt er: ›Dieser Mann ist unschuldig, ich will mit dieser Geschichte nichts zu tun haben‹, und er hat Barrabas geschickt. Aber die Juden haben gerufen: ›Sein Blut komme über uns!‹ Das ist das Ende, jetzt wissen Sie alles.«

Diese Christen hörten die Schreie der in der Kirche zusammengetriebenen Juden; sie sahen, wie sie in die Gaswagen getrieben wurden. Aber der Glaube daran, daß hier nur der Wille Gottes geschehe und daß dies der Augenblick sei, da das Racheblut Jesu über das jüdische Volk komme, ließ sie die Schreie mit anderem Ohr hören. Ihr Glaube hat sie zu Zuschauern eines grandiosen Dramas der Weltgeschichte gemacht, dem man sich nicht in den Weg stellen konnte. Die Gesichter der zur Vernichtung bestimmten Menschen verschwammen vor diesem Glauben an die bösartige Weltlogik, die nun endlich die Christusmörder einholte. In dieser Logik hatte auch das Absurdeste wieder einen Sinn.

»So mußte es kommen«, dachten sie, und damit war der Schmerz der einzelnen entwichtigt. Er wurde zur Opfergabe an den Sinn des Ganzen, der sich ausdrückte in dem Satz vom Racheblut Jesu, das jetzt seine Stunde hatte. Der Glaube dieser Menschen hat den Blick für die absurde Bösartigkeit und die Sinnlosigkeit der Situation verhindert.

Im Stuttgarter Schuldbekenntnis von 1945 heißt es: »Wir klagen uns an, daß wir nicht mutiger bekannt, nicht treuer gebetet, nicht fröhlicher geglaubt und brennender geliebt haben.« Aber nun gab es kaum eine andere Zeit wie die Nazizeit, in der so »fröhlich geglaubt« wurde. Vielleicht hätte in diesem Schuldbekenntnis ein Bruder des Glaubens, der auch auf der Strecke geblieben ist, eine Erwähnung verdient: der standhafte Zweifel, die verratene Vernunft und die geopferte Rationalität. Der Glaube, der sich selbst nicht reinigen kann, indem er Rationalität und Zweifel zuläßt, läuft Gefahr, daß er die Opfer nicht mehr erkennt.

In dem erwähnten Film von Lanzmann wird ein Gutachten zitiert über die »technische(n) Abänderungen an den im Betrieb eingesetzten und an den sich in Herstellung befindlichen Spezialwagen«, also über die Lastwagen, mit denen zunächst die Vergasung der jüdischen Bevölkerung ausprobiert wurde. Darin heißt es: »Die Beschickung der Wagen beträgt normalerweise 9–10 m^2. Bei den großräumigen Saurer-Spezialwagen ist eine Ausnutzung in dieser Form nicht möglich, weil dadurch zwar keine Überlastung eintritt, jedoch die Geländegängigkeit sehr herabgemindert wird. Eine Verkleinerung der Ladefläche erscheint notwendig ... Vorstehende Schwierigkeit ist nicht, wie bisher, dadurch abzustellen, daß man die Stückzahl bei der Beschickung vermindert. Bei einer Verminderung der Stückzahl wird nämlich eine längere Betriebsdauer notwendig, weil die freien Räume auch mit CO angefüllt werden müssen. Dagegen reicht bei einer verkleinerten Ladefläche und vollständig ausgefülltem Laderaum eine erheblich kürzere Betriebsdauer aus, weil freie Räume fehlen.

In einer Besprechung mit der Herstellerfirma wurde von dieser Seite darauf hingewiesen, daß eine Verkürzung des Kastenaufbaues eine ungünstige Gewichtsverlagerung nach sich zieht ... Tatsächlich findet aber ungewollt ein Ausgleich in der Gewichtsverteilung dadurch statt, daß das Ladegut beim Betrieb in dem Streben nach der hinteren Tür immer vorwiegend dort liegt.«

Das »Ladegut«, das sind Kinder, Frauen und Männer in Todesangst. Die »Beschickung«, das heißt, daß diese Menschen mit Hundepeitschen von ihren Henkern in die Wagen getrieben werden. Die »Stückzahl«, das sind die Menschen, die wissen, daß sie umgebracht werden. Die »Betriebsdauer«, das ist die Zeit, in der die Juden Todesschreie ausstoßen und am Gas ersticken. Das »Streben nach der hinteren Tür«, das ist der verzweifelte Versuch der Opfer, ins Freie zu kommen und dem Ersticken zu entgehen.

Die Herren von der »Herstellerfirma« haben das Problem wahrscheinlich in aller Sachlichkeit bedacht und erörtert. Bei ihrer Konferenz werden sie sich der Terminologie des Gutachtens bedient haben. Sie haben von Stückzahl, Ladegut, Betriebsdauer und von der »zusätzlichen Belastung der Vorderachse« gesprochen. Die Sprache der Menschen haben sie tränenfrei gemacht, und jede

Ethik in ihr haben sie ausgelöscht. Ihre Vernunft hat sich verhurt zur technischen Intelligenz. Nicht der Funke eines Glaubens störte bei der Lösung dieses technischen Problems. Wie der Glaube ohne Rationalität Gefahr läuft, die Opfer unter die höheren Zwecke zu verrechnen, so ist die Rationalität ohne Glaube unfähig, die Opfer als Opfer zu sehen. Glaube und Rationalität, mit sich selber allein gelassen, sind unbeirrbar und nicht störbar durch die Qualen der Zerstörung. Der einsame Glaube verstellt die Wirklichkeit, wie die einsame Rationalität die Wirklichkeit entwichtigt.

Die Frage nach dem Verhältnis von Glaube und Rationalität ist keine akademische. Es ist die Frage, wie wir dem Zynismus entkommen. Die mit sich allein gelassene Rationalität hat keine Erinnerung und keine Utopie, sie verliert die Grundabsichten und die Grundbilder des Lebens. Zusammenhanglosigkeit ist das, was sie am tiefsten kennzeichnet. Für die Menschen, die an der »Abänderung der Spezialwagen« gearbeitet haben, war diese Arbeit reduziert auf ein technisches Problem.

Sie haben es nicht in Zusammenhang gebracht mit dem Ziel des Ganzen und der Zerstörung des Lebens, der sie dienten. In ungeheurer Bescheidenheit sahen sie den Sinn des Unternehmens in der Lösung dieses technischen Problems.

Der Glaube besteht auf der Lehre vom Zusammenhang aller Dinge und auf den Bildern der Vereinigung. Dafür hat er einen Grundnamen: Gott. Vielleicht ist es wie nie zuvor Aufgabe der christlichen Predigt, der Katechese, des Religionsunterrichts, einzuführen in die in der Tradition überlieferten Bilder vom Ganzen. Die erblindete Rationalität mag es natürlich finden, daß da »Spezialwagen« angefertigt werden. Widernatürlich und als böse erkannt werden die Spezialwagen erst da, wo die Geschichten vom Zusammenhang und von der Würde des Lebens erzählt werden; wo erzählt wird, daß, wenn einer leidet, alle leiden und daß, wo das Leben angetastet wird, alles auf dem Spiel steht und die Seele Gottes verletzt wird. Ernsthafte

Lebensabsichten können sich erst bilden, wo Lebensbilder vorhanden sind. Diese könnte der Glaube ins Spiel bringen.

Der Glaube selbst kann zynisch werden. »Es war der Wille Gottes, das ist alles!« haben die Christen aus Chelmno gesagt. Es hilft nicht zu sagen, daß die Leute aus Chelmno eben einen falschen Glauben hatten. Wenn der Glaube blind ist, dann kann er sich nicht als falsch erkennen. Die Rationalität muß gerufen sein, bevor sie am dringendsten gebraucht wird. Denn wenn man sie wirklich braucht, kann man sie nicht mehr rufen. Die Vernunft könnte eine Art Beichtmutter des Glaubens werden. Vor ihr sollte der Glaubende erklären, was er glaubt, wie er die Welt erklärt und welche Absichten er verfolgt. Wir brauchen also einen durch die Vernunft gebrochenen Glauben, einen Glauben, der es nicht ausschließt, sich selber zersetzen, besser gesagt: reinigen zu lassen durch die Vernunft.

Dieser Glaube hätte eine Art Dauerschnupfen, nämlich die Erkältung durch den Zweifel und die Vernunft.

Wohin wird uns die verbreitete These führen, daß Aufklärung und Vernunft abgewirtschaftet haben? Wohin wird uns die neue Mythosbereitschaft führen; die erwachende fundamentalistische Sehnsucht nach einem ungebrochenen und damit unkorrigierbaren Glauben; das Interesse, Gefühl gegen Rationalität auszuspielen, Bauch gegen Kopf? Wir haben eine solche Diskussion schon einmal gehabt, und zwar vor dem Faschismus. »Die Rationalität soll uns nicht entdeutschen!« hat man damals gesagt.

Wir sind weniger behaust, wenn wir mit gebrochenem Glauben leben müssen; wenn uns beim Glauben die Vernunft über die Schulter sieht. Aber für andere sind wir damit auch weniger gefährlich. Unser Glaube und unsere Rationalität sollen sein wie zwei Geschwister, die sich lieben und die sich streiten. Aber niemals soll eines das andere verstoßen!

Den Trost der Geschwister suchen

Der brasilianische Befreiungstheologe Leonardo Boff beschreibt in einem Buch seine Reise durch das Amazonasgebiet, auf der er vor allem kirchliche Basisgemeinden besucht hat. Er schildert eine Messe, die er mit einer sehr armen, aber politisch bewußten Gemeinde im Urwald gefeiert hat. Dabei kommt es zu folgender Szene: »Während der Messe sollte eine Trauung stattfinden. Als ich meine erklärenden Worte gesprochen hatte und die Namen der beiden Verlobten aufrief, Francisco und Maria de Fátima, hörte man eine Stimme aus der Gruppe sagen: ›Pater, vor fünf Monaten sind die beiden von hier geflohen. Sie können jetzt nicht heiraten. In unserer Kirche ist es so geregelt, daß sie erst nach einem Jahr heiraten können. Damit man sieht, ob es fest ist.‹ Selbst ganz bestürzt, versuchte ich den beiden zu erklären, daß sie nicht ärgerlich sein, sondern versuchen sollten, die Entscheidung der Gemeinschaft zu verstehen. In einem Jahr würde dann eine festliche Hochzeit stattfinden. Sie akzeptierten die Erklärung und nahmen, als ob nichts geschehen wäre, weiter an der Messe teil.«

Gegen diese Szene setze ich ein zweites Beispiel: Vor kurzem besuchte mich ein Paar, das seit einigen Jahren schon zusammenlebt. Er ist evangelischer Theologe und soll nun seine erste Pfarrstelle bekommen. Seine Freundin ist Juristin. Die zuständige Kirchenleitung verlangt nun, daß die beiden heiraten. Nur unter dieser Bedingung könne er die Pfarrstelle haben. Die Kirchenleitung argumentiert nicht moralisch. Sie verlangt die Eheschließung, um ein mögliches Ärgernis in der Gemeinde zu vermeiden. Die beiden Betroffenen sind empört. Sie fühlen sich in ihren bürgerlichen Freiheiten verletzt. Sie erklären, es sei einzig ihre Sache, welche Form und welchen Inhalt sie ihrem Zusammenleben gäben. Sie sagten, ihre eigene

Redlichkeit verlange, daß ihnen niemand von außen in die Gestaltung ihrer Beziehung hineinrede.

In diesem zweiten Beispiel verlangen zwei junge Menschen, die ernsthaft um die Gestaltung ihrer Liebe bemüht sind, das Recht auf sich selber. Sie erklären ihre Liebe und ihre Intimität zu ihrer absolut eigenen Sache. In dieser Angelegenheit vertragen sie keine Lenkung und keine Bestimmung von außen. Niemand soll sich einmischen in das, was nur sie allein angeht. Ihre Liebe darf weder durch den Befehl einer Kirchenleitung noch durch die Erwartung einer Gemeinde bestimmt werden. Jede Bestimmung von außen ist ein Verrat an der eigenen Intimität. Die Form ihres Zusammenlebens kann nur von ihnen selber gefunden werden. Denn jede nicht selber gefundene Form ist unecht, unredlich und ein Verkauf ihrer nicht mitteilbaren Wahrheit. Es ist ersichtlich, daß diese Menschen nicht leichtfertig handeln. Sie gehen redlicher miteinander um als viele, die sich den Konventionen blind unterwerfen. Ihre Redlichkeit, ihr Mut und ihr Bestehen auf sich selber sind ein Fortschritt im Prozeß der Menschwerdung. Das Recht auf die eigene Subjektivität ist einklagbar geworden. Sie lassen es nicht verletzen durch allgemeine Erwartungen, und sie lassen sich nicht verfremden durch Konventionen, die souverän und kalt über die Wahrheit des Subjekts hinwegschreiten. So weit müssen sie also gehen.

Ich frage mich allerdings, ob sie weit genug gehen. Sie scheinen mir in ihrem Verhalten zwei Voraussetzungen zu machen, die mir fragwürdig sind. Die eine ist: Sie halten das, was sie für sich selber gefunden haben, nicht für mitteilbar. Es ist ihre eigene und nicht weiter kommunizierbare Wahrheit. Diejenigen, die es mit ihnen zu tun haben, die Kirchenleitung oder die zukünftige Gemeinde, können keine Einsicht gewinnen in diese Wahrheit. Sie können sie nur annehmen oder ablehnen. Die andere Voraussetzung: Diejenigen, die es mit ihnen zu tun haben, können ihnen bei der Konstitution ihrer Wahrheit nicht helfen. Die beiden können in ihrer Beziehung nur ihr eigener Herr und Meister sein. Die Außenwelt kann nur stören, nicht aber mittragen und Vorschläge der Gestaltung des Lebens machen. Wie sie von der Umwelt nichts lernen können, so kann die Umwelt von ihnen nichts lernen.

Und so bleiben sie allein mit ihrer Wahrheit. In diese kann von der Allgemeinheit keine Einsicht genommen werden, und so kann auch kein Trost gewährt werden.

Es stimmt natürlich, daß es Situationen gibt, in denen das Subjekt mit seiner Wahrheit allein und trostlos bleiben muß, weil die es umgebende Kommunität blind ist für die Wahrheit, die es gefunden hat, und weil diese Kommunität das Subjekt ersticken will in Konventionen, die neue Wahrheiten nicht mehr zulassen. Nehmen wir etwa ein homosexuelles Paar, das unter dem Diktat konventionierter Heterosexualität steht und dessen Wahrheit durch das Allgemeine ständig bedroht ist oder vernichtet wird. In diesem Fall kann der Kampf nur gegen das knöcherne Verlangen des Allgemeinen gehen.

Dies scheint mir aber bei unserem eheunwilligen Paar nicht der Fall zu sein. Hier verlangt die Allgemeinheit doch nur die Veröffentlichung und die Mitteilung dessen, was schon da ist: die allen zugängliche und für alle verstehbare Erklärung, daß dieser Mann und daß diese Frau zusammengehören.

Ich komme zurück auf das Beispiel, das Leonardo Boff von der Basisgemeinde aus dem Urwald zitiert. Diese Gemeinde verdient ihren Namen in einem ganz anderen Sinn als jene Gemeinde, in der der junge Pfarrer in Zukunft arbeiten soll. Es ist eine Gemeinde von Gleichen, wenn auch nur gleich in der Armut und in der Dürftigkeit ihrer äußeren Lebensbedingungen. Sie arbeiten zusammen gegen die Grundbesitzer und gegen eine Kirchenhierarchie, die sich mit diesen verbündet. Sie wissen ihr Unglück und die Gründe dafür zu benennen. In ihrem Christentum haben sie eine Sprache gefunden für das Unrecht, das ihnen angetan wird. Es vereinigt sie und stärkt ihre Wünsche nach Gerechtigkeit. Der einzelne ist auf diese Gruppe angewiesen und die Gruppe auf den einzelnen. »Vor fünf Monaten sind die beiden von hier geflohen« – dies ist in dieser Situation der Bedrohung und der Zugehörigkeit keine neutrale Feststellung. Sie haben in ihrer Absonderung die Gruppe bedroht, und sie haben in ihrer Flucht sich selber des Trostes und der Solidarität der Gruppe beraubt. In dieser Gemeinde der Zusammengehörigkeit geht alle alles an. Ein einzelner kann nicht etwas für sich allein schätzen. Es gibt keine Wahrheit nur für den einzelnen. Sie muß mitgeteilt werden, so wie man das Huhn und den Reis miteinander teilt, wenn sie zu ihren Gottesdiensten zusammenkommen. »Niemand hat etwas für sich allein«, beschreibt die Apostelgeschichte das Leben der Urgemeinde (Apostelgeschichte 2,44). Mitgeteilt wurden nicht nur die äußeren, sondern auch die inneren Mittel des Lebens: die Erkenntnisse, die Lebensüberzeugungen. Privatangelegenheiten gab es nicht. Die Zusammengehörigkeit ist lebensnotwendig und lebenserhaltend. Und so gibt es für das junge Paar nicht nur die Entscheidungen, die sie miteinander und füreinander zu treffen haben. Es gibt auch die Entscheidung der Gemeinschaft, und sie akzeptieren, daß die Gruppe eine Regelung festgelegt hat, die über die eigene Regelung hinausgeht oder, wie in diesem Fall, ihr sogar zuwider läuft. Die Gruppe nimmt Einsicht in das Leben ihrer Mitglieder. Wir kennen diese Tatsache fast nur als restriktive, als eine Beengung und Versklavung des Subjekts. Und ich kann nicht einmal mit Sicherheit sagen, daß es nicht auch im vorliegenden Fall ein Stück Versklavung ist. Das Paar auf jeden Fall fügt sich und »nimmt weiter an der Messe teil«. Die Korrektur der Gruppe ist für das Paar kein Anlaß, sich von ihr zu trennen. Die Gruppe und das Paar gehen davon aus, daß es verallgemeinerungsfähige Wahrheiten gibt und Entscheidungen, deren Richtigkeit nicht nur dem einzelnen einleuchtet und für ihn allein paßt.

Ich möchte diese beiden Paare nicht gegeneinander ausspielen. Aber mein größeres Interesse liegt auf der Seite des Paares aus der Basisgemeinde. Warum? Will ich denn wieder zurück in eine Welt, die sich dem Subjekt so erstikkend auferlegt, daß ihm kein Atem der Freiheit, der eigenen Entscheidung und der Selbstgestaltung des Lebens bleibt? Sind wir der Gefahr der Entfremdung von den eigenen Entscheidungen, von der eigenen Verantwortung und der eigenen Phantasie nicht eben erst entronnen, und sind wir ihr eigentlich schon völlig entronnen?

Das protestantische Paar, das zu heiraten zögert, handelt eigentlich nach Gesetzen, die schon überall gelten. Diese allgemeinen Erwartungen sagen etwa: Sei dein eigener Herr und Meister. Die entscheidenden Angelegenheiten des Lebens gehen keinen etwas an als dich selber. Weder deine Trauer noch deine Erwartungen und Sehnsüchte noch die Gestaltung deines Lebens; weder deine Sexualität noch deine Freundschaften; weder deinen Glauben noch deine Wünsche sollst du mit jemandem teilen, schon gar nicht dein Geld und dein Eigentum. Verfüge über dich selbst in allem, was du bist und hast! Komm mit dir allein zurecht oder geh unter! Du bist niemandem etwas schuldig! Dies sind eigentlich kapitalistische Diktate.

In einem Grimmschen Märchen wird erzählt, wie zwei Brüder sich trennen müssen. Sie stoßen am Scheidewege ein blankes Messer in einen Baum. Sie wissen, wenn einer von ihnen zurückkommt, kann er daran erkennen, wie es dem Bruder ergangen ist. Denn die Seite des Messers, nach welcher der Bruder ausgezogen ist, rostet, wenn er stirbt oder wenn er bedroht ist. Geht es ihm gut, so bleibt sie blank. Motive dieser Art haben wir oft in Märchen, Legenden und Erzählungen. Sie sagen: Das Leben hängt zusammen. Die beiden Brüder sind nicht wirklich und nicht endgültig getrennt, obwohl sie meilenweit auseinander sind. Da, wo etwas für sie auf dem Spiele steht, teilen sie sich mit. In ihrer Verbundenheit reden sie miteinander, und sie können einander verstehen. Sie können sich rufen, wenn einer den anderen braucht.

Einen ähnlichen Gedanken drückt folgendes aus: Nachdem ein Freund gestorben ist, unterhalten sich dessen Angehörige und Verwandte. Eines spielte dabei eine große Rolle: Wo waren sie, die Freunde und Angehörigen, in der Stunde des Todes? Und sie, die alle aufgeklärte Menschen sind, erzählen fast mystische Geschichten. Einer, der zur Stunde des Todes auf einem anderen Kontinent war, erzählt, er sei von einem wilden Angstgefühl befallen worden. Eine Freundin sagt, eine unerklärliche und plötzliche Trauer habe sie in jener Stunde gefühlt. Ein Dritter erzählt, er habe im Traum eine dunkle Gestalt gesehen, die er nachträglich als den Toten identifiziert.

Jeder von uns kennt solche Gespräche und kennt vermutlich auch das schlechte Gewissen, das man hat, wenn man zur Stunde des Todes eines nahen Menschen nichts Besonderes gespürt hat, wenn der Sterbende also nicht zu uns geredet hat oder wenn wir auf seine Botschaft nicht gehört haben.

In ihren Geschichten und Erinnerungen sagen sich diese Menschen, daß die Welt einen Zusammenhang hat. Und das muß man sich offensichtlich gerade angesichts des Todes sagen, wo der Zusammenhang zu zerfallen droht.

Keiner lebt für sich allein, und keiner stirbt für sich allein. Unter allem Leben fließt ein Strom, der alles miteinander verbindet und alles trägt. Stirbt einer, so fällt er nicht ins Nichts, sondern er taucht ein in den Strom, der alle nährt. Indem gesagt wird, daß die Vorgänge und die Menschen in einem Zusammenhang stehen – der Bruder mit seinem gefährdeten Bruder, der Sterbende mit seinen Freunden –, wird zugleich behauptet, daß sie einen Sinn haben. Den Zusammenhang suchen heißt den Sinn suchen. Sinn hat nur das, was auf etwas anderes bezogen werden kann; was mitgeteilt und gehört werden kann. Was nicht geteilt und kollektiviert werden kann, das bleibt undeutlich und gefährlich. Man lebt im Zusammenhang, oder man ist ständig vom Tode bedroht.

Alles Leben gehört zusammen, man kann sich als Individuum nicht ein Stück vom Ganzen des Lebens rauben und damit für sich allein glücklich werden. Man kann über das Leben nichts wissen und es nicht ertragen, wenn man nicht an den Strom glaubt, der alle verbindet. So zu denken, das heißt an Gott glauben. Der Glaube an Gott lehrt zuallererst: Alles Leben ist verbunden. Es gibt viele Erscheinungen, aber es gibt nur den einen Strom. An Gott glauben heißt, einen Zusammenhang der Menschen miteinander anzunehmen und zugleich einen Zusammenhang dessen, was uns zustößt, mit dem Sinn des Ganzen. Es ist kein Wunder, daß alle in der Geschichte des Christentums, die in besonderer Weise mit Gott verbunden waren, auch in besonderer Weise den Zusammenhang allen Lebens betont und demonstriert haben. Es ist kein Wunder, daß Franz von Assisi, der seinem Meister bis in die Ähnlichkeit der Gestalt hinein nahe sein wollte, auch allem anderen Leben in besonderer Weise verbunden war: dem Aussätzigen, dem Bettler, den Vögeln, den Blumen, seiner Schwester Sonne. Je tiefer einer an Gott glaubt, desto weniger ist er zu irgendeiner Form der Apartheid fähig. Die Verbundenheit ist keine moralische Folge des Gottesglaubens, sondern seine selbstverständliche Gestalt.

Leben kann man nur in Verbundenheit mit allem leben. In ihr haben für uns die Dinge ihren Zusammenhang und schließt sich uns das Leben auf. Der Glaube an Gott ist zugleich der Glaube an den Zusammenhang allen Lebens. Diese Sätze des Glaubens können sich nur schwer allein halten. Sie brauchen Stützen. Sie brauchen zumindest ein Stück Zustimmung durch die Situation, in der sie gesprochen werden. Ein Gedanke hält sich langfristig nicht als solcher. Damit er sich halten kann, braucht er ein Stück Realisierung. Ist die Realität ihm völlig konträr und feind, dann wird er bald vergangen sein. Was wird nun, wenn der Gedanke der Verbundenheit allen Lebens keine gesellschaftliche Realisierung findet?

Folgendes ist ein Beispiel der Zerstörung des Gedankens durch die Realität: Die Oberstufenklasse eines Hamburger Gymnasiums war zu einer Klassenfahrt unterwegs. Die Schüler waren in Gruppen zu fünft in kleinen Ferienhäusern untergebracht. In einer Gruppe hatte sich die begleitende Lehrerin am ersten Abend zum Essen eingeladen. Die Schüler boten der Lehrerin Kartoffeln und Gemüse an. Auf dem Tisch stand außerdem eine Platte mit fünf Stücken Fleisch. Jeder der Schüler nahm sich ein Stück. Die Lehrerin bekam keins. Als sie die Schüler auf ihr Verhalten ansprach, waren sie verblüfft und verständnislos ihren Vorwürfen gegenüber. Es sei doch nur ein Stück für jeden von ihnen dagewesen, sagten sie. Nicht zu teilen war ihnen das Selbstverständlichste auf der Welt. Das Neue ist vielleicht nicht der Egoismus dieser Gruppe, sondern die Tatsache, daß ihnen das Bewußtsein dafür verloren war, daß es eigentlich anders sein sollte. Nicht zu teilen ist natürlich geworden. Dies ist ein Beispiel einer wahrhaft atheistischen Kultur. Die Zusammenhanglosigkeit ist selbstverständlich geworden.

Aber was tun sich diese jungen Menschen an mit dieser praktischen Leugnung der Verbundenheit des Lebens? Zunächst einmal ist diese Szene unästhetisch. Die kleinen Bestien haben ihr Fleisch gekrallt. In vergreister Enge kennen sie nichts als sich selbst. In dieser Selbstbesorgung ist nichts Jugendliches mehr, kein Risiko, keine Verschwendung, kein bißchen großmütige Selbstvergessenheit. Unästhetisch habe ich die Szene genannt. Das ist keine formale und äußerliche Aussage. Wo man sich der verlockenden Schönheit des Lebens beraubt, wo man dem Leben seine große Geste nimmt in ängstlicher Selbstverkrallung, da verliert dieses Leben seine Überzeugungskraft. Die jungen Menschen üben sich in ihrem eigenen Verhalten darin ein, das Leben geringzuschätzen. Ihr Verhalten wird niemanden überzeugen, auch sie selber nicht. Nicht daß einem das Leben genommen werden kann oder daß man sterben muß, macht das Leben sinnlos. Das Gefühl der Sinnlosigkeit entsteht vor allem da, wo dem Leben die verschwenderische Geste geraubt wird, die es schön macht.

Die geschilderte Szene ist nicht nur ein Stück zufälliger und stummer Praxis. Jede Praxis ist ja auch ein Stück geronnener Lehre und ein Appell. Der Appell dieser Szene ist: Teile nicht, aber rechne auch nicht damit, daß man mit dir teilt! Erbeute dir das Leben allein! Verlaß dich auf niemanden und sei dein eigener Herr und Meister! Sei erbarmungslos und erwarte kein Erbarmen! Werde allein mit dem Leben fertig!

»Werde allein fertig!« Das ist die Moral der Trostlosigkeit. Vielleicht kann man sich die äußeren Lebensbedingungen und Lebensmittel allein erbeuten, jedenfalls einige können das. Aber die inneren Lebensbedingungen kann man sich selbst nur in einem geringen Maß verschaffen.

Man kann nicht allein leben, und wir brauchen den Trost der Geschwister. Dieses Thema will ich in einer letzten Variation umspielen.

1915 wurde in den USA im Staate Utah Joe Hill hingerichtet. Er war ein Liedermacher in der amerikanischen Industriearbeiterbewegung, und er hat die Gewerkschaften zu einer »singenden Organisation« gemacht. Er selber sang bei Gewerkschaftstreffen, bei Demonstrationen, und seine Lieder wurden populär. 1914 wurde er wegen Mordes angeklagt. Anklage und Verurteilung waren höchst zweifelhaft, sogar der amerikanische Präsident protestierte gegen das Urteil und die Hinrichtung. Nach seiner Hinrichtung wurde sein Leichnam nach Chicago gebracht und verbrannt. Die Asche wurde verteilt und in alle Staaten der USA geschickt, nur nicht nach Utah. Denn dort, wo man ihn getötet hatte, wollte er nicht tot gefunden werden. Nach seinem Tod verbreitete sich unter den Arbeitern ein Lied, in dem der Sänger beschreibt, wie er nachts im Traum Joe Hill vor sich sieht, »lebendig wie du und ich«. Er spricht ihn an: »Du bist lange tot, Joe.« Und Joe Hill: »Ich bin nie gestorben.« Der Träumer erinnert ihn daran, daß er in Utah des Mordes angeklagt und hingerichtet wurde, daß die Besitzer der Kupferminen, gegen die er die Arbeiter zum Streik geführt hat, seinen Tod verschuldet haben. Joe Hill beharrt darauf: »Ich bin nicht tot! Es gehört mehr als eine Kugel dazu, einen Mann zu töten.« Und er steht da, groß und lebendig und mit lachenden Augen, und er erklärt dem Träumer: »Sie haben nicht alles an mir getötet. Sie haben etwas vergessen. Und was sie vergessen haben, das ist weiter auf der Straße und organisiert die Arbeiter.«

Die Arbeiter, die dieses Lied gemacht haben, und die, die es singen, bewahren eine Erinnerung, und diese Erinnerung läßt die Toten nicht allein. Sie, die das Lied von Joe Hill singen, sehen diesen Menschen mit seiner Lebensarbeit nicht nur als eine Funktion im allgemeinen Progreß der Befreiung. Joe Hill behält ein Gesicht. Im Lied tritt er neben das Bett des Träumers. Er behält seinen Stolz: »Man braucht mehr als eine Kugel, um einen Mann zu töten.« Er behält seinen subversiven Witz: »Was sie zu töten vergessen haben, organisiert die Arbeiter weiter.« Aber was Joe Hill angefangen hat, ist nicht vollendet. Sein Traum muß weitergeträumt werden. Er starb nicht alt und lebenssatt, sondern sein Leben wurde in einem Justizmord vernichtet. In den Toten ist etwas nicht verjährt und nicht ausgeträumt. Das läßt den, der von Joe Hill träumt, zu einem vorwärtsgewandten Träumer werden. Joe Hill ist mehr als eine melancholische Erinnerung. Die Vergangenheit ist also nicht das verlorene goldene Zeitalter, das eine rückwärtsgewandte Sehnsucht aufschließt. Die Erinnerung daran, was Menschen angetan wurde, schärft zugleich (um es mit Bloch zu sagen) die Grundkenntnisse einer menschlicheren Welt. Das Gedächtnis der Opfer ist Klage, aber keine ohnmächtige Lamentation. Denn diese Klage ist zugleich Einklage und Einübung in die Kenntnis dessen, was noch aussteht und was man den Toten noch schuldig ist. Das Gedächtnis ist Einübung in Utopie. Erinnerung und Schmerz sind die Triebkräfte der Vision vom ganzen Leben, und was kommen soll, entdecken wir wesentlich daran, was den Toten vorenthalten wurde. Es fällt mir schwer, mir eine Humanität vorzustellen, die nicht essentiell memoria passionis ist, Gedächtnis des Leidens und der Zerstörungen. Die Erinnerung wärmt die Toten.

Man kann diesen Satz umkehren: In der Erinnerung

lassen uns die Toten nicht allein; sie wärmen uns. »Die Mörder haben etwas vergessen zu töten«, sagt das Lied. Und das, was nicht getötet werden konnte, das setzt die Lebensarbeit dieses Menschen fort. Wir, die wir heute arbeiten, berufen uns nicht nur auf uns selbst. Wir sind nicht die ersten und nicht die letzten. Wir arbeiten weiter an einem Fundament, das wir nicht selber gelegt haben, und an einem Haus, das wir nicht vollenden werden. Wir haben Tote, und wir haben Kinder. Es gibt in der Geschichte, aus der wir kommen und der wir uns zurechnen, schon Gelungenes, Eingelöstes, geglückte Versuche. Es gibt nicht nur ausstehende, sondern auch schon realisierte Hoffnungen.

Ein chilenischer Sozialist hat erzählt, daß, als der Versuch eines demokratischen Sozialismus unter Allende in Chile zerschlagen wurde, sich die Arbeiter besonders intensiv an den Streik der Minenarbeiter von 1929 erinnerten. Sie studierten die Geschichte des Streiks, sie sammelten die Lieder und Gedichte, die damals entstanden. Warum wohl? Nicht, um der gegenwärtigen Wunde eine historische hinzuzufügen; sondern um sich in der gegenwärtigen Niederlage und Zerstörung der Hoffnung und des Mutes an eine Radikalität, an eine Vision vom Leben zu erinnern, die älter ist als sie selber. Hoffnung ist nicht nur die erlaubte und rational verantwortbare Prognose eines guten Ausgangs; sie ist eine die Gewichte fälschende Lebensattitüde, in der die Gründe für das Gelingen schwerer wiegen als die Gründe für das Scheitern. Die Hoffnung lebt aus der Erinnerung. Wir erzählen die Geschichten der Alten und die Geschichten der Geschwister nicht vorrangig mit Verwertungsinteressen, so als könnten wir ihre Modelle der Arbeit und des Kampfes als unsere übernehmen. Wir erzählen sie, weil wahrgenommene Radikalität die eigene Radikalität stärkt; weil erinnerte Träume die eigenen Träume schärfen. Unsere Wünsche belangen die Geschichte dafür, daß Wünsche möglich und erfüllbar sind; wir belangen sie als Zeugen für unsere eigenen Wünsche. Visionen, für die man nicht mehr als die eigene

Autorenschaft, das eigene Zeugnis und die eigene Garantie hat, halten sich nicht lange. Dazu ist unsere Kraft zu schwach und unser Mut zu gering. Das ist der Inhalt des Gedankens der Solidarität der Generationen: Allein bist du klein, und allein verkümmert deine Lebenskraft. Wir sind es den Toten schuldig, daß wir keine Niederlage und keine Zerstörung unnotiert lassen; und wir sind es uns selbst schuldig, daß wir die Erinnerung an Realisationen nicht auslassen.

Man braucht viele Geschwister, lebendige und tote, die uns trösten und uns helfen, der Hoffnungslosigkeit und der Panik zu entkommen.

Mit einem Gedicht voller Wärme hat Heinrich Böll wenige Wochen vor seinem Tod seine Enkeltochter mit dem Gedanken der Verbundenheit des Lebens getröstet:

»Wir kommen weit her
liebes Kind
und müssen weit gehen
keine Angst
alle sind bei Dir
die vor Dir waren
Deine Mutter, Dein Vater
und alle, die vor ihnen waren
Weit weit zurück
alle sind bei Dir
keine Angst
wir kommen weit her
und müssen weit gehen
liebes Kind«

Dem Glauben eine Gestalt geben

Das Evangelium erlaubt uns nicht, bei uns selber zu wohnen. Es verrät uns keinen Weg, in unsere eigene Tiefe hinabzusteigen und dort das Gold der Frömmigkeit und der Erfahrung Gottes zu finden. Was ich finde, wenn ich mich aus der Welt und zu mir selbst hingestohlen habe, das ist nicht mehr als mein eigener Moder. In ihn kann ich mich zwar verlieben, aber ich kann nicht von ihm leben. Es gibt keine Befreiung in der eigenen Tiefe. Wer sein Leben liebt, der wird es verlieren; wer sich selbst sucht, der wird nicht mehr finden als sich selber. Das gilt auch für den, der seine Frömmigkeit, seine Spiritualität und seine geistige Erfahrung als Selbstbesitz sucht. Aber wohin sollen wir uns denn versenken, wenn nicht in uns selbst und in den selbstgemachten Gott, dem wir ein Zelt in unserer eigenen Innerlichkeit aufgeschlagen haben?

Wohin ist denn der Gott versunken, an den wir glauben und der uns sein Gesicht aufgedeckt hat in Jesus von Nazareth? Wenn ich mir einen Gott ausdenken sollte, dann würde ich ihm all das andichten, was mir selber fehlt. Ich würde ihm Macht, Unabhängigkeit, ungetrübtes Glück, Souveränität über das Leben andichten. Ich würde ihn fernhalten von den Zweifeln und Gebrechen des Lebens, die mich selber quälen. Und so hätte ich mir vielleicht einen Lebensretter geschaffen, aber ich hätte einen Liebhaber verloren.

Zum Glück gibt es in Jesus Christus eine andere Auskunft über Gott. Dieser Gott verkrallt sich nicht in sich selbst, in seine Macht, seine Schönheit, seine Unberührbarkeit. Es ist ein lächerliches Bild Gottes, über das Christus uns berichtet. Der Sohn der Stärke wird bei seiner Geburt gewärmt von den Kärglichkeiten der kleinen Leute. Der Sohn des Reichtums hat als Wiege nur den Futtertrog der Tiere. Er ist nirgends zu Hause, er ist auf der Flucht, er weint, er schwitzt Blut vor Angst; das Leben würgt ihn, und er wird aufgehängt am Galgen.

Nicht aus Bosheit, eher aus Verzweiflung nehmen die Menschen diesem Jesus seine Auskunft über Gott übel, und so sagen sie: »Wenn du der Sohn Gottes bist, dann gib uns Zeichen deiner Macht! Wenn du der Sohn Gottes bist, dann steig herab von deinem Galgen! Wenn du der Sohn Gottes bist, dann verwandle die Steine in Brot, daß es dir gutgehe; dann stürze dich vom Felsen, denn es geschieht dir nichts!« Welch ein Irrtum! Diesem Sohn Gottes ist fast alles geschehen, was einem Menschen zustoßen kann. Jesus Christus als Auskunft und Enthüllung Gottes. Ist er nicht eigentlich die Selbstverhüllung Gottes? Gott verhüllt sich im Schicksal Jesu in unseren Hunger, in die Fluchten der Menschen, in die Opfer der Folter. Er verhüllt sich in die Tränen der Menschen, in ihren Blutschweiß und ihren Tod. Er nimmt eine Gestalt an, in der er kaum erkennbar ist, die Gestalt des Knechtes, des Geschlagenen, des Unterworfenen. Seht, welch ein Mensch!

Gott wird Mensch – das sagt etwas über ihn, das sagt mehr noch über uns. Die Selbstverhüllung in Jesus Christus ist zugleich die Enthüllung der Welt. Aller Glanz und alles Elend der Welt zeigen sich als der Abglanz und als die Wunden Gottes. Gott ist nicht mehr getrennt von seiner Welt. Gott blutet in unseren Wunden, er wird geschlagen in unserer Folter, er entbehrt des Brotes wie das Kind des Arbeitslosen in den Slums von Harlem. Ob Menschen Brot haben oder nicht; ob sie geschlagen werden oder ob sie in Ruhe leben können, ob sie eine Arbeit haben oder ob sie demoralisiert werden, weil ihnen eine würdige Arbeit vorenthalten wird – das alles ist eine spirituelle Angelegenheit geworden, eine Frage des Glaubens, seit dieser Gott mit unseren Wunden bedeckt ist. Seit Gott die Gestalt unserer Leiden angenommen hat, sind diese Leiden mehr als ihre eigene nackte und brutale Tatsache. Es gibt keine Unterscheidung mehr zwischen dem nur Weltlichen und dem Eigentlichen. Alles ist eigentlich geworden: das Brot und das Wasser, das Glück und die Wunden, die Zerstörung des Lebens und sein Gelingen.

Das ist ein Satz unermeßlicher Verheißung. Ich bin nicht mehr allein, sagt er mir. Nichts ist mehr gleichgültig. Das Leben hat seine unendliche Bedeutung, und nichts fällt mehr in zersplitterte Zusammenhanglosigkeit, nicht einmal der Tod. Es ist ein Satz großer Schönheit, denn er verspricht dem Leben Würde. Und wenn wir an der Schönheit und an der Würde des Lebens arbeiten, so arbeiten wir am Evangelium.

In einer Kölner Kirchengemeinde hat es vor Jahren einen Streit gegeben. In einem Weihnachtsgottesdienst beschrieb der Pfarrer ein junges Indio-Paar aus Peru in der Gestalt der Weihnachtsgeschichte. Die Frau ist schwanger. Kein Krankenhaus nimmt sie auf, weil sie nicht zahlen kann. Der Großgrundbesitzer hat sie aus ihrer Hütte verjagt. Das Kind kommt endlich unter elenden Umständen zur Welt, und die Mutter birgt es in einem Karton, weil anderes nicht zur Verfügung stand. Die Bewohner eines Slums versorgen mit ihren eigenen Habseligkeiten die mittellose Familie.

Dem Pfarrer nun wurde vorgeworfen, er trivialisiere das einmalige Heilsgeschehen, indem er es mit dem Schicksal dieser Familie vergleiche; er entwerte die Geburt Christi, indem er sie zusammenbringe mit den anderen mühseligen Geburten in dieser Welt. Wo bleibe denn da die christliche Hoffnung, wenn diese Geburt wie alle anderen Geburten sei? Aber hat dieser Pfarrer etwas anderes getan, als an die Selbstentwertung Gottes in Jesus Christus zu glauben? Die Selbstentwertung, die der Philipperbrief als die Knechtsgestalt Gottes beschreibt, die er angenommen hat? Der Pfarrer sagt ja nicht, daß diese Geburt zu Bethlehem wie alle anderen Geburten sei, von derselben Hoffnungslosigkeit und Lebensverdammtheit. Er brachte die beiden Geburten zusammen. Damit entwertete er nicht die Geburt des Sohnes Gottes. Er gab vielmehr dem Indio-Paar und der Geburt ihres Sohnes eine unermeßliche Hoffnung. Diese neue Geburt ist nicht mehr nur, was sie ist. Es wird da nicht mehr nur ein Mensch ins kalte Leben gestoßen, mit wenig Aussicht und vermutlich zu einem frühen Tod des Verhungerns oder des Erfrierens verurteilt. Der ausgestoßene Sohn Gottes ist auch in diesem Indio-Kind. Er starrt vor Schmutz, und seine Mutter hat keine Milch, ihn zu ernähren. Aber er ist der Sohn, auf dem die Hand Gottes liegt. Und so ist dieser und ist allen Geburten der Armut Würde und Hoffnung gegeben. Vielleicht ist es blasphemisch, die Geburt des Gottessohnes mit der Geburt des Indio-Kindes zusammenzubringen. Aber es ist die Blasphemie, die Gott selber begeht, wenn er seine Gottheit nicht wie einen Raub festhält und die Gestalt des vom Leben Niedergeworfenen annimmt. Es ist die Blasphemie der Hoffnung. In der Frechheit seines Glaubens sagt der Pfarrer: Auch im letzten Dreck, in der letzten Verkümmerung des Lebens steht das Ganze auf dem Spiel. Gott wird angetastet, wo dieses Leben verletzt wird. Nichts ist gleichgültig – der energischste Satz gegen jeden Zynismus und zugleich der schwerste Glaubenssatz.

Der in die Welt versunkene Gott – Gott, der sich in das Glück und in die Schmerzen seiner Schöpfung versenkt –, das ist der Inhalt der Glaubensgestalt, die wir suchen. Und dieser Inhalt richtet jede Gestalt des Glaubens und jede Spiritualität. Zugleich aber ist dieser Inhalt nicht zu haben ohne Gestalt und ohne Aufführung, wie der Inhalt eines Shakespeare-Stücks nicht zu haben ist an seiner Aufführung vorbei. Das Leben findet nicht hinter dem Rücken der Gestaltung statt. Und eine Vision, die nicht eingeübt wird und die man sich nicht ständig neu aneignet, verblaßt. Spiritualität ist kein mystisches Sonderwissen, das einigen Eingeweihten zugänglich, den meisten aber verschlossen ist. Es ist nicht der Aufstieg der Seele zu einem weltlosen Gott. Spiritualität ist die ständig gefeierte und ständig neu angeeignete Aufmerksamkeit Gottes für seine Welt.

Unsere Väter und unsere Mütter hatten viele Gestalten, in denen sie ihren Glauben und ihre Hoffnung ausdrückten und erneuerten. Sie hatten das Morgen- und das Abendgebet. Sie haben die Bibel regelmäßig gelesen. Sie haben ihre Kinder gesegnet, wenn sie aus dem Haus gingen. Sie haben ihr Gewissen erforscht, und sie haben gebeichtet. Sie haben nicht nur ihren Hunger gestillt, sie haben ihrem Essen und ihrer Hoffnung auch eine bestimmte Gestalt gegeben, indem sie gebetet haben. Alle Wichtigkeiten des Lebens hatten einen Spruch oder eine Geste, in denen das, was die Menschen traf, nicht stumme Widerfahrnisse blieben. Der Spruch und die Geste haben diese stummen Widerfahrnisse zu verstehbaren und lesbaren Silben eines großen Textes des Glaubens und der Hoffnung gemacht.

Ein kranker Mensch, der erklären wollte, warum er nach Bethel und nicht in irgendeine andere psychiatrische Klinik wollte, hat dazu gesagt: »In Bethel haben die Häuser Namen!« Sie heißen nicht nur »Klinik VI« oder »Innere II«. Sie heißen Mara oder Gilead oder Saron und erinnern mit den biblischen Namen an die großen, noch nicht eingelösten Versprechen. Das widersprüchliche, das chaotische, das schmerzensreiche und von Zerstörung bedrohte Leben nicht unleserlich lassen; es entzifferbar machen und es gestalten mit den Gesten und der Sprache der Hoffnung – das wäre Spiritualität.

Nun haben wir als Christen in dieser Kirche eine ganze Anzahl solcher Gestalten geerbt. Ich habe einige aufgezählt: das Morgen- und Abendgebet, den Gottesdienst mit seinen Gestaltungen, die Losungen und die Bibellesung. Das macht uns die Gestalt unserer eigenen Hoffnung nicht leichter. Oft gerät man in Wut darüber, daß man als jüngeres Kind in dieser Kirche ständig die abgelegten Kleider der älteren Geschwister auftragen muß. Jeder, der in einer Familie mit vielen Kindern aufgewachsen ist, kennt den Wunsch: endlich einmal eine Jacke zu haben, die für einen selbst gemacht ist, und endlich einmal die Schuhe zu tragen, die einem wirklich passen. Und in der Kirche heißt das: endlich einmal die Sprache sprechen können, die aus dem eigenen Herzen kommt, und die

Worte, die man selbst gefunden hat. Endlich einmal in der Sprache und Geste der Frömmigkeit nicht unter dem Diktat der Alten zu stehen.

Es kommt noch etwas anderes hinzu: Was uns vererbt ist, das sind ja nicht reine Gestalten des Glaubens. Es ist immer eine Mischung aus Glaube und Unglaube; es ist verholzter Glaube. Das heißt nicht, daß dieser Glaube nicht einmal lebendig war. Aber es heißt auch nicht, daß diese überlieferten Gestalten Zeichen eines heute lebendigen Glaubens sind. Religion hat viel zu tun mit den krankhaften Ordnungsbedürfnissen von Menschen. Die einmal lebendigen Gestalten des Glaubens erstarren zu Ordnungen, die sich für die Sache selber geben. So ist ein Zug religiöser Erneuerung immer auch der Kampf gegen die Ordnungen und gegen die Zwangsgestalten der Religion. Verletzung der als heilig geltenden Ordnungen findet sich stets in Zeiten neuer religiöser Intensität. Am deutlichsten finden wir dies in der jesuanischen Geschichte, die uns viel erzählt über die Verletzung der religiösen Regeln, der Reinheitsgebote, der Sabbatgebote; Verletzung auch der Abgrenzungsordnungen: Er ißt mit Sündern, was das Gesetz verbietet! Er geht mit Frauen um, was die Ordnung verbietet. Die Einteilung, die Ordnung, die einmal gefundene Gestalt tritt an die Stelle des Sinnes, und wer sie verletzt, scheint den Zusammenhang und den Sinn des Ganzen zu bestreiten. Darum ist der Bruch mit religiösen Zwangsgestalten eine Grundgeste der Frömmigkeit. Nur wer brechen kann, wer eine vereiste Gestalt der Religion verlassen kann, der darf sich wieder neugierig den eigenen Traditionen nähern. Alle Freiheitsgeschichte ist verbunden mit Auszügen aus zu engen Häusern; ist ein Sturm gegen die falschen Bilder und die falschen Gestalten.

Die Frage allerdings ist, ob das heute unsere Hauptaufgabe ist. Viele von uns leben in Großstädten, und für die meisten von uns ist die Großstadt das innere Lebensmodell. Die Großstadt aber ist der Ort mit wenig Übereinkünften, Gliederungen und Gestaltungen des Lebens. Wie die Großstädte äußerlich grenzenlos sind, so drohen wir innerlich grenzenlos, ungestaltet und unbezeichnet zu werden. Die Häuser verlieren ihre Namen. Der Abend und der Morgen, das Essen und die Begegnungen der Menschen miteinander verlieren ihre Bezeichnungen und ihre Gestalten. Und wo gestalten sich dann unsere Hoffnung und unser Glaube? Das Leben aber findet nicht hinter dem Rücken der Gestaltung statt. Eine ungestaltete Hoffnung verfliegt, und eine nicht gefeierte Vision wird blaß.

Was können wir tun? An drei Formen aus der Geschichte der Frömmigkeit möchte ich zeigen, was das heißt, Hoffnung zu gestalten. Das erste ist ein altes Instrument in unserer Kirche, nämlich die Losung. Viele kennen sie, jene durch Los ausgewählten alttestamentlichen Bibelstellen für jeden Tag des Jahres. Wer in der Tradition der evangelischen Kirche groß geworden ist, wird gegen diesen Brauch, der in pietistischen Häusern seinen strengen Ort hatte, eher eine Abneigung haben. Zu meiner Tradition gehört der Brauch nicht, und so kann ich ihn mit größerer Freundlichkeit betrachten.

Ich stelle mir vor, ich lasse mir jeden Morgen fünf Minuten Zeit für diesen fremden Text, den ich mir nicht selbst ausgesucht habe. Ich lese ihn langsam, ich wiederhole ihn, ich lerne ihn vielleicht auswendig. Ich lese diesen Text jeden Morgen zur selben Zeit. Er hat Vorrang vor den Geschäften. Ich folge also einem Gesetz spiritueller Aneignung: Ich tue etwas regelmäßig, und ich gebe der Sache einen festen Ort, der unabhängig von meinen Stimmungen ist; ein Stück Methode also, die mich befreit von meinen eigenen Launen. Ich lese diesen Text nicht nur, wenn ich ihn unmittelbar brauche, also in Zeiten eines besonderen Lebensernstes oder eines besonderen Glücks. Täglich und regelmäßig kommt dieser nur halb gebetene Gast zu mir, und ich räume ihm seine Zeit ein. Dieser Gast braucht Aufmerksamkeit, ihm genügt keine Begrüßung im Vorübergehen. Auch wenn die Zeit kurz ist, ich muß wissen, daß es im Augenblick das Wichtigste ist, was ich zu tun habe. Den Text der Losung habe ich nicht selbst ausgewählt, und so bringt der Gast täglich eine Nachricht, die nur halb oder manchmal auch gar nicht zu meiner augenblicklichen Stimmung paßt. Natürlich wähle ich mir auch manchmal meine eigenen Texte aus. Aber ich muß auch den fremden Text zu mir lassen, damit ich mich nicht in meinen Lieblingstexten nur selber wiederfinde. In dem fremden Text finde ich mich nicht einfach wiederholt. Er spricht vom Glanz der Dinge, wenn mich gerade die Trauer überschwemmt. Er spricht vom Zwiespalt des Lebens, wenn ich vielleicht gerade mit dem Leben einig bin. Dieser Text also nimmt mich wie eine große Schwester an die Hand und führt mich dahin, wo ich noch nicht bin. Er führt mich in eine Fremde, von deren Reichtum und deren Wahrheit ich noch nicht gekostet habe. In die Fremde zu gehen, das Eigene, das Vertraute, das schon lange Gekannte zu verlassen, das ängstigt; es entfremdet uns von uns selbst. Aber wenn wir es gelernt haben, einzusehen, daß nicht aller Reichtum und nicht alle Schönheit in uns selber liegen, dann ist der fremde Text, dieser störende Gast, unser neuer Reichtum. Lernen heißt, neu und tiefer beheimatet zu werden in dem, was man schon kennt und was man schon erobert hat. Lernen heißt aber auch, wegzugehen von den Wegen, die man immer schon gegangen ist; neue zu finden, auch wenn sie ängstigen. Man muß es lernen, sich in den Selbstwiederholungen zu unterbrechen, in denen wir nichts anderes mehr kennen als uns selbst. Man muß in Häuser gehen, in denen man noch nicht gewohnt hat, auch wenn man sich nicht völlig heimisch in ihnen fühlt. Ein guter Text ist ein Text, von dem ich nicht schon vorher weiß, was er mir sagen wird. Ein gutes Buch ist ein Buch, das ich nicht ganz verstehe. Wenn einmal die Kirchen uns erlaubt haben, in ihnen zu Hause zu sein, in ihnen unsere eigenen Gedanken zu denken und die eigene Sprache zu sprechen, dann können wir es uns erlauben, auszuziehen aus dieser eigenen Sprache und reicher zu werden, als wir es von uns aus sein können.

Ich möchte die Regeln geistiger Aneignung nennen, die sich aus diesem kleinen Brauch der Frömmigkeit ergeben:

– Benutze die natürlichen Rhythmen von Abend und Morgen, um deiner Übung einen Ort zu geben!
– Der erste Schritt geistiger Selbstgestaltung soll ein möglichst kleiner sein. Verfalle nicht der selbstgemachten Entmutigung durch zu große Vorhaben!
– Im bescheidenen Vorhaben sei fest – auch gegen deine eigenen Launen!
– Laß deinem Vorhaben eine innere ruhige Zeit, auch wenn diese Zeit kurz ist! Nichts ist wichtiger als dieser Augenblick.
– Achte bei deiner Übung nicht darauf, was du unmittelbar erfährst. Die Langeweile soll dich nicht davon abbringen; ein Gefühl der Erfüllung soll dich nicht euphorisch machen. Das Wachsen der Saat kann man nicht sehen.

Ich möchte eine zweite Tradition geistiger Aneignung nennen, das ist, einen Lehrer oder eine Lehrerin zu haben. In keiner Tradition geistiger Selbstgestaltung ist man ohne den Lehrer ausgekommen. Man hat einen Beichtvater gehabt, einen geistlichen Vater, einen Seelenführer, einen Zen-Meister. Man wußte, man kann sich nicht selbst gestalten, wenn man sich nicht auch eröffnet.

Was ist ein Lehrer oder eine Lehrerin? Ein Lehrer ist zunächst ein Mensch, den ich mir selbst ausgesucht habe. Jemand wird zunächst nicht durch seine Weisheit und seine Lebensklugheit zu einem Lehrer, sondern zuerst dadurch, daß ein anderer sich ihn als Lehrer erwählt. Natürlich wird man sich nicht gerade einen Dummkopf als Lehrer aussuchen. Der Lehrer oder die Lehrerin hat eine Lehre. Mit dieser Lehre ist zunächst nicht Wissen und Geistesschärfe gemeint. Der Lehrer muß für etwas stehen, er muß etwas bezeugen. Es muß an ihm erkennbar sein, was er liebt und was er verachtet. Den Vorschlägen eines solchen Lehrers gegenüber bin ich natürlich nicht blind. Wohl aber erlaube ich mir manchmal, die Augen zu schließen, wenn er mir einen Vorschlag macht. Seinen Worten gegenüber hege ich nicht die Skepsis, die ich anderen Menschen oder Texten gegenüber habe, die mir Lebensvorschläge machen. Er ist für mich wie ein großer

Bruder, und ich kann mich auf ihn verlassen – ich kann mich verlassen. Ich kann aus meiner Enge und Begrenztheit, aus meiner Blindheit und Verstocktheit herausstreten an der Hand dieses Bruders oder dieser Schwester – und mehr werden, als ich von mir aus und allein sein kann. Ich erlaube mir bei diesem Menschen, einmal nicht mißtrauischer Prüfer all dessen zu sein, was er sagt und rät. Ich horche auf ihn – ich bin gehorsam, hätte man mit einem alten Wort gesagt. Aber dieses Wort unserer Tradition ist so zerstört, daß man es nur schwer benutzen kann.

Wir sind einsam und hilflos, wenn wir keine Lehrer haben; wenn wir für alles selber stehen müssen; wenn sich unser Gewissen auf uns selbst beschränkt; wenn wir uns allein ausdenken müssen, welche Lebensabsichten wir haben sollen. Man kann aber nicht alle Menschen, alle Texte und Traditionen auf gleiche Weise lieben und ihnen in gleicher Weise vertrauen. Um sich zu beheimaten, muß man bestimmten Menschen, muß man bestimmten Traditionen einen lebensgeschichtlichen Vorzug geben. Man macht sie sich zu Lehrern. Und das Wort dieses Lehrers gilt für mich mehr, obwohl es vielleicht gar nicht weiser ist als die Worte von vielen anderen Menschen.

Ich weiß nicht, ob diese Erinnerung an die Lehrer heute etwas nützt; ob wir uns, die wir uns doch gerade erst von den verhängten Lehren befreit haben, schon wieder dazu entschließen können, diese alten Traditionen aufzugreifen. Selbst wenn wir das heute nicht können, müssen wir die Erinnerung an sie wachhalten. Vielleicht kommt eine Zeit, in der unsere Kinder sie wieder aufgreifen wollen, vielleicht schon bald.

Als letzte Gestalt unserer Frömmigkeit möchte ich erinnern an den alten, zerlumpten Gottesdienst in unseren Kirchen, zu dem auch viele Christen schon nicht mehr – oder doch höchst selten gehen. In einer Kirchenzeitung finde ich zum Sonntagsgottesdienst folgende Sätze aus einem Leserbrief: »Wozu soll ich sonntags in die Kirche gehen? An Gott kann ich auch ohne Kirche glauben. Lieber gehe ich in den Wald und in die Natur. Dort bin ich

Gott tiefer verbunden; dort nehme ich ihn bewußter wahr. Und die da jeden Sonntag zur Kirche laufen, sind auch nicht besser als die anderen.«

Ich muß gestehen, es fällt mir schwer, »ohne Kirche« an Gott zu glauben. Der Glaube ist eine schwere Kunst, die ich kaum allein meistere. Am Leben zu zweifeln, dafür hat man ja oft bessere Gründe, als daran zu glauben, daß Gott dieses Leben in seiner Hand hält. Da helfen mir meine Geschwister sonntags im Gottesdienst schon, wenn sie die Lieder des Trostes singen, den ich nicht für mich allein erobern kann. Was ich nicht fertigbringe, das bringen sie vielleicht für mich fertig. Wozu ich allein nicht in der Lage bin, das kann ich vielleicht schon zusammen mit diesen Geschwistern.

Daß die, »die jeden Sonntag zur Kirche laufen«, besser sind als die anderen, das glaube ich auch nicht. Aber vielleicht lassen sie sich noch einen Weg zur eigenen Würde offen, wenn sie sonntags eine Stelle haben, an der sie hören, wie schön ein Mensch gedacht ist. Wo sagt mir denn sonst einer, daß ich zur Freiheit berufen bin; daß mein Leben nicht in zersplitterte Sinnlosigkeit fällt? Wo sagt mir denn einer, daß ich mit meinem Leben mehr machen kann, als nur mich selber zu versorgen? Wo gibt es denn sonst in unserer Gesellschaft eine Stelle für die großen Bilder vom Menschen? Die Alternative zum Kirchgang ist ja durchweg nicht die, die der Leserbrief nennt: daß man Natur bewußt wahrnimmt und sich mit Gott verbunden weiß. Die Alternative ist doch meistens die tödliche Bescheidenheit, in der Menschen sich darauf beschränken, ihrem Auto mit der sonntäglichen Wäsche zu dienen.

Ja, gewiß, das Brot, das uns sonntags in den Kirchen gebrochen wird, ist oft angeschimmelt. Oft ärgern mich die Predigten, die starre Ordnung reizt mich, das klerikale Gespreize geht mir auf die Nerven; die Abstraktheit der Aussagen, in denen die wirklichen Schmerzen und Wünsche der Menschen kaum einen Platz haben, empfinde ich als vertanes Gerede. Aber ich will doch leben, und ich brauche doch Brot. Und wenn die Hoffnung so bedroht ist wie in unseren Tagen, wenn uns der Mut verläßt, dann essen wir auch das Brot, das nicht nach den besten Rezepten gebacken ist. Eines macht mir den Gottesdienst besonders kostbar: Ich komme mit Menschen zusammen, mit denen ich normalerweise nicht zusammenkomme. Ich treffe junge und ich treffe alte Menschen; ich treffe Gesunde und ich treffe Kranke; ich treffe Starke und ich treffe Beschädigte, viel mehr Beschädigte übrigens, als ich sonst zu sehen bekomme. Wo haben sie sonst ihren öffentlichen Platz? Gerade die alten Menschen machen mir die Gottesdienste zu einer Stelle großer Zärtlichkeit. Ich denke daran, was sie durchgemacht haben in ihrem Leben; was ihnen das Leben vorenthalten hat und wie sie in zwei Kriegen zerschunden worden sind. Und immer noch haben sie Hoffnung und behaupten mit zitternder Stimme die Einheit des Lebens. Wo kann ich denn für meinen eigenen Lebensmut bessere Lehrer und Lehrerinnen finden? Sie lehren mich beten.

Die Innerlichkeit ist außen! Meinen Mut, meine Hoffnung und meine Lebensvision habe ich nicht nur verschwiegen in mir selbst. Ich habe sie nicht nur in Überzeugungen. Ich habe sie auch, indem ich sie mir begegnen lasse in Gestaltungen von außen: in Gesten, in Bezeichnungen, in Übungen. Die Innerlichkeit ist außen! Spiritualität ist nicht die umweglose und faule Unmittelbarkeit zu Gott. Sie ist die Feier und ständige Einübung der Aufmerksamkeit Gottes für seine Welt. Spiritualität ist Gedächtnis des Leidens und Gedächtnis der Versprechen, die den Leidenden gemacht sind. Und so lenkt sie uns nicht von der Welt ab, sondern führt zu ihr hin. Denn Gott ist nicht abgelenkt von seiner Welt, sondern in sie versunken. Dem Gott in diese Versunkenheit zu folgen, das wäre das Herz der Frömmigkeit.

Wider den Luxus der Hoffnungslosigkeit

Bei einer Tagung mit Studenten, auf der es um eine mögliche Veränderung unserer Schulen ging, sagte ein Teilnehmer: »Verändern kannst du nur etwas mit Leuten, die stark sind und die noch an etwas glauben. Aber schau dir uns an! Wir sind nur noch Leichen. Uns haben sie schon kaputtgemacht. Die Schule, die Uni – die haben uns abgewürgt. Wir sind umzingelt von Raketen. Was willst du da noch verändern? Was rentiert sich noch zu verändern?«

Zugegeben, dies war eine schrille Stimme. Aber selten sind solche Äußerungen nicht. Junge Menschen definieren sich als der Hoffnung unfähig, als umzingelt, als schon geopfert. Ihr Mißtrauen richtet sich nicht nur gegen alle Institutionen, in denen sie sich vorfinden. Es richtet sich auch gegen sie selber: »Wir sind doch nur noch Leichen!« Ich kenne den Studenten, der das gesagt hat. Er benimmt sich keineswegs wie eine Leiche. Er macht Musik, er arbeitet in einer Friedensgruppe, er macht sein Studium. Gott sei Dank ist er nicht so eindeutig, wie er sich formuliert. Aber er formuliert sich so. Und das ist nicht nur unerhebliche jugendliche Großsprecherei. Die formulierte Ohnmacht, Zerstörtheit und Aussichtslosigkeit ist zumindest ein Teil seines Glaubens. Er redet sich in eine fast unerreichbare und unkorrigierbare negative Absolutheit hinein: kaputtgemacht, abgewürgt, umzingelt.

Nun könnte man sich beruhigen und sagen: Sich in dieser Totalität zu formulieren, das heißt eben jung sein. Aber die Richtung der formulierten Totalität hat sich geändert. Wir haben uns in unserer Jugend vermutlich nicht weniger total ausgesprochen. Aber wir totalisierten eher unsere Möglichkeiten. Wir wollten Schulen bauen, wie es sie noch nie gegeben hat. Wir wollten eine Kirche, in der Korruption nicht mehr denkbar wäre. Wir hatten den festen Glauben: Wenn wir erst einmal dran sind, dann wird alles anders. Wir waren gnadenlos gegen jede Realisierung, weil wir überzeugt waren, wir könnten es mit unserer Kraft und mit unserer Phantasie besser machen. Wir glaubten, das Leben könnte gelingen. Wir totalisierten unsere Kräfte. Der Student, von dem ich berichte, totalisierte seine Erleidungen und seine Lebensunmöglichkeiten. Seine Identität besteht darin, sich als Opfer zu verstehen. Das ist anders als früher. Wir formulierten unsere Identität, indem wir uns als Handelnde beschrieben.

Selbstbeschreibungen sind nicht folgenlos. Sie sind auch immer eine Prophetie, deren Voraussagen eintreffen werden, weil sie gemacht worden sind. Wer sich hauptsächlich als handlungsunfähig, als in seiner Phantasie schon getötet, als in seinen Möglichkeiten vernichtet beschreibt, dem droht in der Tat die Apathie und das schwächliche Einverständnis mit dem Unglück. Und wer die unaussprechliche Zerstörung als seine eigene Zukunft glaubt, dem wird sich jede Gegenwart entwichtigen.

Nun kann man fragen: Haben diese jungen Leute denn nicht recht darin, sich hauptsächlich als die Geopferten zu empfinden? Sind sie nicht einfach realistischer, als wir es waren, und weniger naiv? Die Grundlagen des Lebens sind schließlich bedroht. Die Flüsse gehen noch weiter kaputt, und man weiß nicht, wie lange die Luft zum Atmen reicht. Die Hoffnungslosigkeit hat gute Gründe. Ist es nicht beinahe zynisch, von der veränderten psychischen Lage von Jugendlichen zu sprechen statt von der unvorstellbar veränderten und vergrößerten Anzahl der Vernichtungswaffen?

Das mag sein. Aber je gestörter die Hoffnung ist, um so mehr braucht man eine Sprache und eine Selbstbeschreibung, die mehr ist als die Wiederholung oder die Vorwegnahme des eigenen Unglücks. Vielleicht haben die, die sich beschränken auf die Rezitation der eigenen Zukunftslosigkeit, doch noch nicht verstanden, wie gefährlich die Situation ist. Wir hatten vor kurzem ein Seminar über die Folgen von Arbeitslosigkeit. Die Teilnehmer sprachen über den Verlust des Zeitgefühls, über die Störungen in den Beziehungen durch Arbeitslosigkeit, über die Bedrohung des Selbstwertgefühls, über die materielle Verelendung. Auf dieser Tagung war auch eine Gruppe von Arbeitslosen. Diese unmittelbar Betroffenen wurden immer unruhiger bei den Beschreibungen. Und einer sagte schließlich: »*Wir* sind schon arbeitslos. *Wir* können uns so viel Hoffnungslosigkeit nicht mehr leisten!«

Wer die drohende Zerstörung wirklich erkannt hat, der kann sich nicht lange damit aufhalten, sich selber nur die eigene Zukunftslosigkeit zu beschreiben und auszumalen. Es gibt eine negative Genüßlichkeit – und dies nicht nur bei jungen Menschen –, die sich darin ausruht, das gegenwärtige und zukünftige Unglück zur Sprache zu bringen. Vielleicht haben die, die so reden, nicht einmal unrecht mit dem, was sie sagen. Aber mit dieser Sprache kann man nicht leben. »Wir können uns so viel Hoffnungslosigkeit nicht mehr leisten!« Das Leben geht nur, wenn man redet und wenn man handelt, als ob es ginge. Die Aussichtslosigkeit demonstriert sich mir schon selber. Sie noch einmal nachzudemonstrieren, das ist eine leichte Sache und ein angenehmes Feigenblatt der Faulen. Unsere Arbeit ist größer: Wir müssen einen Zwiespalt in unsere eigene Hoffnungslosigkeit säen. Sich selber zu zementieren in den Unglücksrezitativen, das ist die Sprache des Unglaubens. Christus hat nicht die Bewegungslosigkeit des Gelähmten beschrieben und nicht die Blindheit des Blinden. Er hat gesagt, daß der Lahme gehen und daß der Blinde sehen wird. Und er hat sie geheilt.

Ich erinnere mich an eine Szene aus einem Seminar. Wir hatten über den Religionsunterricht in der Nazizeit gesprochen, über die Zweideutigkeit oder die Kollaboration der Kirchen. Da fuhr mich eine Studentin mit großer Heftigkeit an: »Ich kann das nicht mehr hören! Wir erzählen immer nur das Kaputte. Wir sind vollkommen widerspruchsfrei in unserem negativen Triumphalismus.« Meine erste, mich selber entschuldigende Reaktion war damals: Die Wende hat gegriffen. Das sogenannte Positive ist gefragt, und jede kritische Aufarbeitung wird hinfort als ideologische Besserwisserei betrachtet.

Aber man kann sich mit dieser Selbstentschuldigung nicht beruhigen. Es gibt bei vielen von uns, die produktiv und kritisch arbeiten, in der Tat die Erschöpfung im protestantischen Prinzip. Es gibt die Dauergeste des Entlarvens und Demaskierens. Es gibt die ungetrübte, undialektische und rißlose Darstellung der Welt als verfaulender. Es gibt die Unbelangbarkeit einer kritischen Attitüde, in der wir jeweils als Staatsanwälte gegen alle Geschichte und alle Realisationen auftreten. Aber davon kann man nicht leben. In einer Welt, der ich täglich nachweise, daß man nicht in ihr leben kann, *kann* man auch nicht leben; man kann in ihr nicht lieben, nicht arbeiten und auf die Dauer auch nicht kämpfen. Das hat schließlich die Ermattung vieler kritischer Menschen in den letzten Jahren gezeigt, die sich plötzlich mit äußerstem Vergnügen dem nur Positiven, dem Selbstmitleid und der psychologischen Selbstpflege verschrieben haben. In der Tat darf man das protestantische Prinzip nicht aufgeben. Aber man muß sich zugleich in Widerspruch zu sich selbst bringen, indem man in der Zeit der gestörten Hoffnung die Geschichten und die Lieder des Gelingens sammelt. Wir brauchen nicht nur Todesdaten. Nicht eines von ihnen dürfen wir übersehen. Wir brauchen Lebensbilder, Darstellungen des gelungenen Lebens, und wenn wir sie noch so mühsam sammeln müssen. Dies alles soll kein Plädoyer für Optimismus und unvergällte Lebensfreude sein. Gegen die Wahrnehmung all dessen, was noch aussteht, was noch nicht gelungen ist und was ständig zerstört wird, versuchen wir die Gegensprache der Hoffnung. Hoffnung ist immer nur als Gegensprache erlaubt. Alles andere wäre billiger Optimismus. Auf die Hoffnung aber können wir nicht verzichten, auch wenn die massenmörderischen Tendenzen der Weltpolitik sie uns kaum erlauben.

Die eigentliche christliche Hoffnung, so sagen manchmal Theologen, ist unberührbar vom Lauf der weltlichen Dinge. Sie richtet sich auf Gott, und sie kann nicht enttäuscht werden durch den Gang der Geschichte, weil sie eben nicht auf die Geschichte und auf die menschliche Kraft in ihr setzt. Ich lese folgendes im Brief eines Studenten: »In den Tagen der Karwoche und zum Ostersonntag wurde in den Kirchen so viel über den Tod gepredigt; oft gute Predigten, die das Leid der Menschen nicht verachten und den Trost nicht unterschlagen. Ich fühle, daß mir diese Verkündigung eine große Hilfe ist und dem Leben dient. Ich muß aber doch fragen: Fallen denn die Toten ökologischer und nuklearer Lebensvernichtung nicht heraus aus dem Bereich des Trostes, den Jesus verspricht und den die Gemeinde verkündet? Ich habe den Eindruck, daß bei aller Schwere des Sterbens manchmal gut vom Trost für die einzelnen erzählt werden kann. Aber kann es einen Trost für die Opfer und für die Überlebenden der möglichen und nahenden Katastrophe geben? Oder ist meine Frage Kleinglaube? Was für den Tod der einzelnen gilt, kann es nicht auch für den ›Megatod‹ gelten? Nein, das ist eine dogmatische Rede, die ich nicht annehmen kann. Aber wie kann dann noch vom ›Leben mit dem Tod‹ die Rede sein, wenn ich untröstlich über diese möglichen Tode sein muß? Und das will ich sein, weil ich mich nicht an solche Tode gewöhnen will.«

Kann man die Hoffnung behalten, fragt der Schreiber des Briefes, wenn das Leben sich immer weniger als einsichtig erweist? Wie kann man auf den Sinn des Ganzen setzen, wenn die Gegenwart und die erwartbare Zukunft sich immer mehr als unsinnig erweisen?

Was kann man darauf sagen? Erleben kann man den Grund der Hoffnung ja nicht. Erleben kann man vielmehr, wie die Hoffnung betrogen wird. Manchmal gibt es Momente großer Übereinstimmung mit dem Leben, und manchmal leuchtet uns das Leben ein; wenn eine Liebe gelingt; wenn eine Freundschaft ungetrübt ist. Da braucht das Leben fast keine Sprache und keine Erklärung, weil es sich selbst erklärt. Und in solchen Augenblicken fällt uns die Sprache leicht, weil wir am Leben selbst ablesen können, was zu sagen ist. Oft aber ist das Leben so zerstört, daß sein Sinn unleserlich geworden ist. Aber der Glaube fängt ja eigentlich erst da an und wird erst da wichtig, wo der Sinn des Lebens nicht mehr am Leben selber abzulesen ist. Der Glaube kann sich nicht gründen auf die Erfahrung des gelingenden Lebens; sonst könnte man nach den ungeheuren Beleidigungen des Lebens in unserem Jahrhundert nicht mehr von Glauben reden, und man könnte den Namen Gottes nicht mehr in den Mund nehmen. Glauben heißt glauben und nicht schauen.

Die Kalkulation des guten Endes und die Prognose des guten Ausgangs kann man noch nicht Hoffnung nennen. Jedenfalls ist es nicht die eigentliche Hoffnung des Christentums. Es ist mir einfach zu wenig, mich auf den vermutlichen guten Ausgang der Dinge zu verlassen. Und manchmal hat die Verabschiedung der Hoffnung auch die besseren Gründe für sich. Auf die christliche Hoffnung muß ich wetten, auch wenn der Einsatz jetzt schon verloren scheint. Ist das die Lösung für die Fragen des Briefschreibers von oben? Ist das der Trost für die möglichen Megatoten? Eine theologische Lösung gibt es nicht. Darum spricht der Schreiber zu Recht von der Untröstlichkeit der Welt; und darum muß von der Untröstlichkeit Gottes gesprochen werden. Es kann kein Gott Ersatz schaffen, wenn das Leben geschändet wird; denn das Leben ist unersetzbar. Ich glaube, daß wir, wenn wir Gott nicht aufgeben wollen und wenn wir nicht bagatellisieren wollen, was dem Leben angetan wird, widersprüchliche Behauptungen machen müssen. Einmal müssen wir bestehen auf der Untröstlichkeit des Lebens. Wir müssen darauf bestehen, daß alles, was der Welt und dem Leben angetan wird, niemals einen Sinn gibt, auch nicht unter irgendeiner Hinsicht der Ewigkeit. Das Leben ist kostbar, Gott hat es geschaffen. Und wo es geschändet wird, wird er selbst geschändet, und damit wird der Sinn der Welt angetastet. Aber mit dieser einen unerläßlichen Behauptung allein kann man nicht leben, so richtig sie ist. Darum die andere Behauptung, die der ersten widerspricht: Es fällt kein Haar ohne Gottes Willen von unserem Haupt. Es bleibt keine Träne ungetrocknet, und jeder Abgrund, in den das Leben stürzt, ist zugleich der Abgrund des mütterlichen Schoßes Gottes. Diese beiden Behauptungen kann ich nicht miteinander vereinbaren. Aber so ist das Leben, und so ist der Glaube. Ich habe keine Zeit, mich um diesen Widerspruch zu kümmern, und ich kann beides nicht lassen: die Untröstlichkeit und die Hoffnung.

Kann es Trost für die Opfer und für die Überlebenden einer möglichen Katastrophe geben, fragt der Schreiber. Ich glaube, es gibt zwei Zeiten der Antwort auf diese Frage. Jetzt und vor der Katastrophe und zur Warnung kann man nur sagen – zumindest mit hauptsächlicher Stimme sagen: Es gibt keinen Trost. Gott steht auf dem Spiel. Die Welt wird unheilbar geschändet, und die Möglichkeit des Glaubens wird zugebombt. Jedenfalls finde ich die gelassene Schreibtischbehauptung von Theologen, daß all das, was die Welt schändet, Gott und den Glauben nicht berühre, schäbig und zynisch. Und doch – und doch: Ich wünsche, daß uns nie der Psalm von den Lippen weicht: »Du aber bleibst derselbe, und deine Jahre nehmen kein Ende. Die Kinder deiner Knechte werden ruhig wohnen, und ihr Geschlecht wird vor dir bestehen« (Psalm 102,28–29) – was auch immer geschieht.

Der Lebensmut kommt nicht allein aus der begründeten Annahme des guten Ausgangs der Dinge. Die Hoffnung auf diesen Ausgang ist oft brüchig. Aber selbst wenn wir innerweltlich keinerlei Lösung vermuten können, so müssen wir doch handeln, als wäre das Leben möglich und als hätten wir Hoffnung. Was bleibt einem anderes, als sich so zu verhalten, als gäbe es Gründe für den Glauben an den guten Ausgang? Hoffen heißt auch, den Hoffenden zu spielen. Hoffen heißt auch, sich gegen das eigene Herz als Hoffenden aufzuführen. Es heißt also arbeiten, kämpfen, reden, als ginge das Leben und als sei es nicht bis zum äußersten bedroht. Es heißt übrigens nicht nur arbeiten. Es heißt auch Musik hören und Wein trinken und Bücher lesen und Freunde besuchen und tun, als hätte man alle Zeit der Welt. Noch einmal: Man muß sich zwiespältig machen und sich den Riß in die eigene Hoffnungslosigkeit erlauben. Nur so kann man leben.

Es gibt zwei Weisen, die Hoffnung zu vernachlässigen. Die eine ist die der Faulen, die andere die der Überfleißigen. »Wer sagt mir«, so spricht der Faule, »daß meine Arbeit, mein Einsatz Frucht bringt? Wer kann denn so genau wissen, was zu tun und zu lassen ist? Und woher soll man die Kraft und die Hoffnung zum Handeln nehmen?« Vielleicht ist der Faule gar nicht abgeneigt, etwas zu tun und an der Veränderung der Welt mitzuarbeiten. Aber er will einen Vorschuß: einen Vorschuß an Mut; an Hoffnung darauf, daß die Arbeit sinnvoll ist und gelingt. Mit diesem Vorschuß will er gut genährt und gut gelaunt ans Werk gehen.

Woher nehmen wir die Hoffnung? Das ist die Luxusfrage derer, die noch vor der Arbeit stehen und denen es relativ gutgeht. Als diese Frage einmal Daniel Berrigan gestellt wurde, dem amerikanischen Jesuiten, der wegen seiner Friedensarbeit während des Vietnamkrieges lange Zeit im Gefängnis war, da hat er geantwortet: »Meine Hoffnung steckt in meinen Beinen und in meinem Hintern.« Sagen wollte er damit: Du kannst keine Überzeugung von der Richtigkeit und vom guten Ausgang einer Sache haben, es sei denn, du fängst an, an ihr zu arbeiten. Daß der Friede möglich ist und daß man an ihm arbeiten kann, das erfährt der, dem seine Zeit für Demonstrationen nicht zu schade ist und der vor irgendeinem Munitionslager sitzt und gegen den drohenden Tod protestiert. Die Beine und der Hintern als Sitz der Hoffnung! Das ist die abrahamitische Art der Hoffnung: anfangen, sich auf den Weg machen, obwohl das Ende ungewiß ist. Aber je länger man geht, um so weniger läßt sich die Hoffnung entmutigen. Sie wird genährt durch die Arbeit der Menschen.

Eine andere Art der Hoffnungslosigkeit ist die des Überfleißigen. Er arbeitet und jagt und glaubt, für alles einstehen zu müssen. Und wenn er scheitert, so scheint mit ihm die ganze Sache zu scheitern. Vielleicht hat uns das Christentum selbst mit seinem Vollkommenheitsdenken zu dieser Art von Hoffnungslosigkeit verführt. Gewürdigt wird nur das, was ganz geschieht und was vollkommen gelingt. Beurteilt wird eine Sache immer nur von ihrem Ergebnis und ihrem Erfolg her. Ende gut, alles gut! Ein Satz zum Verzweifeln, denn wir kommen als einzelne mit unserer Arbeit meistens nicht bis zum guten Ende. Wir fangen an, wir gehen die ersten Schritte und sterben meistens, ehe wir das Land des Gelingens betreten haben. Vielleicht heißt an Gott glauben, von sich absehen zu können, von der eigenen Kraftlosigkeit, von dem eigenen kleinen Mut und von der Geringheit unserer Erfolge. Das Reich Gottes ist auf unsere Arbeit angewiesen, aber es steht und fällt nicht mit ihr. An Gott glauben heißt, sich nicht definiert zu sehen durch die eigene Schwäche. Es heißt, sich selbst ernst zu nehmen und zu würdigen, auch den Anfang, auch den ersten Schritt, und nicht nur das vollkommene Ende. Auf Gott hoffen heißt aber auch, auf mehr zu hoffen als auf die eigenen Kräfte. Es ist die große Lebenserleichterung, nicht für die Welt einstehen und ihr Garant sein zu müssen. Ich vermute, wenn wir auf diese Weise an der Welt arbeiteten und an Gott glaubten, dann wäre unsere Arbeit in einem tiefen Sinn gewaltlos. Wir würden mit mehr Zeit rechnen, als wir selber haben. Wir würden die Welt nicht ins Heil peitschen müssen. Gott steht für das Ganze, nicht wir.

Erinnerung als Versöhnung

1. Der Gott ohne Schutz

Siegfried, der Nibelungenheld, war der Sohn eines mächtigen Königs. Als Kind wurde er im Wald ausgesetzt und von einer Hirschkuh ernährt und am Leben gehalten. Später fand ihn ein Schmied und zog ihn auf. Aber der Schmied hatte Angst vor der Stärke Siegfrieds, und er beschloß, ihn zu vernichten. Er schickte ihn in einen tiefen Wald. Er sollte einen Lindwurm umbringen, der dort hauste. Siegfried erschlug den Wurm. Er kochte ihn und badete im Sud des Lindwurmfleisches. Bald wurde seine Haut zu festem Horn. Er war unverwundbar geworden, keine Lanze und kein Schwert konnten diese Haut durchstechen. Getränkt mit der Drachenkraft, gewann er den Goldschatz der Nibelungen; er gewann die Königstochter; er gewann alle Kämpfe – Siegfried, der Gewinner. Eine kleine Stelle an seinem Nacken konnte er beim Bad im Drachenblut nicht erreichen, und sie sollte ihm später zum Verhängnis werden. Aber vorläufig gewann er. Er war fast unkenntlich als Mensch in seiner Kraft, in seiner Schönheit, in seinem Reichtum – ein Übermensch: ecce homo! Wenn ich mir den Sohn eines Gottes vorstellen sollte, dann wie diesen Siegfried; wie diesen Souverän dem Leben gegenüber; diesen Unüberwindbaren, diesen Gewinner. Angst hat er nicht; denn man braucht sich nur zu fürchten, wenn etwas auf dem Spiel steht. Mutig ist er nicht; denn er braucht keinen Mut, weil er nicht verlieren kann. Er erlaubt sich den Luxus der Güte, weil sie ihn bei seinem Reichtum wenig kostet. Sein Pferd heißt Grane, der schnellste und kräftigste Hengst, den man finden kann.

Das Gegenbild zum Nibelungenhelden: ein Mensch, der kein schönes Pferd hat, nur eine Eselin, die halb ausgeliehen und halb gestohlen ist. Er ist mit armen Fischern und zweifelhaften Leuten umgeben. Sie legen ihre zerrissenen Kleider auf die Eselin und streuen sie auf den Weg. Er reitet ein in die mächtige Stadt, und die Menschen erinnern sich an eine alte Weissagung, die hier eine komische Erfüllung findet: Siehe, dein König kommt, der Trost Israels, der Sohn Gottes, der erwartete Retter, auf dessen Stärke, Unverwundbarkeit und Unüberwindlichkeit alle warten. Eine parodistische Erfüllung der alten Verheißung. Der Gott der Stärke scheint sich selbst zu verspotten in der Schwäche und Komik seines Abgesandten.

Eine Zeit später: die Nacht im Garten, ein Mensch – bis zum Tode verstört, allein, denn seine Freunde schlafen vor Trauer. Der Hirt ist geschlagen, und die Schafe sind vertrieben. Es ist die Nacht der Seele, in der ein Mensch zu Tode erschrocken ist und nur noch die Bitte hat, daß er verschont werden möge. Sein Schweiß wird wie Blut, das auf die Erde fällt, und ein Engel tröstet ihn. Der Sohn Gottes als Verlierer. Ihn schützt keine Drachenhaut, er schlägt die Gegner nicht nieder, er ist kein Held, er braucht die Nähe der Freunde und den Trost des Engels. Es stößt ihm alles zu, was einem Menschen zustoßen kann: ecce homo. Er ist kaum erkenntlich als Mensch vor Schweiß, vor Blut und vor Striemen; nicht erkennbar als Sohn Gottes. Gott selbst ist unkenntlich geworden in seinem Sohn. Der kleine Eselsreiter als der Sohn Gottes, der um Schonung Schreiende als das Bild Gottes, der Trostbedürftige als die Offenbarung Gottes. Gott hat sich selber bis zur Unkenntlichkeit verlassen. Es ist ein zärtlicher Gedanke, den Gott uns in diesem Sohn nahelegt, daß die Welt nicht gerettet ist durch die Macht eines Mächtigen, nicht gerettet durch die Vergebung eines unberührbar gebliebenen Gottes. Sie ist nicht gerettet durch den Akt eines Souveräns und eines gnädigen Herrschers. Die Welt ist dadurch gerettet, daß sich dieser Gott unkenntlich gemacht hat in unseren eigenen Leiden und in unserem Tod. Es ist die Erwachsenheit Gottes, daß er nicht auf sich selbst bestehen muß, nicht auf seinem Reichtum, nicht auf seiner Stärke, nicht auf seinem Glanz. Es ist die Höflichkeit Gottes, die uns nicht beleidigt, auch nicht durch die Gnade eines Souveräns. Seine Gnade ist seine Solidarität.

Der Gott, der sich verborgen hat in dem kleinen Eselsreiter von Nazareth und verwundbar geworden ist, anders als jener in Drachenblut Gebadete! Die Wunden sind die Signatur seiner Menschlichkeit. Dieser Gott hat nicht auf seinen Grenzen bestanden. Er hat die Wälle seiner Verteidigung geschleift, er ist angreifbar geworden und an unseren Wunden gestorben. Es gibt einen hoffnungslosen und würdelosen Tod, der jenem Tod der Selbstentwaffnung entgegengesetzt ist. Das ist das Sterben an der Verteidigung seiner selbst; der Tod in der Wahrung unser selbst, es ist der äußere und innere Selbstverbrauch und Selbstverzehr der Menschen zum Schutz dessen, was sie sind und haben, der Tod an der Grenze und der Tod in der Errichtung der Grenze gegen das übrige Leben.

Ich war vor einiger Zeit irgendwo an der deutsch-französischen Grenze und ging dort spazieren. Ich merkte nicht, daß ich plötzlich auf französischem Gebiet war. Auf den Feldern war eine Grenze nicht zu erkennen. Da stieß ich auf zwei Soldatengräber von 1939. Auf einem der beiden Kreuze fand ich den Spruch: »Ihr Tod – unsere Verteidigung«. Unsere Verteidigung hat sie in den Tod gebracht. Für die Illusion, daß da drüben der Feind wohne; daß man sich gegen ihn wappnen müsse, sind Menschen gestorben. Das Ende dieser Illusion habe ich an jenem Morgen gesehen, als ich über die Grenze ging, die nicht mehr zu erkennen war. Ein französischer Gendarm plauderte gemütlich mit mir. Hier sind Menschen gestorben – für nichts als für einen bösen Traum.

Das Ende jener Illusion habe ich gesehen. Aber wo sind unsere Illusionen, die wir als solche heute noch nicht erkennen und für die Menschen vielleicht verbluten müssen? Wie kann ich heute sehen, daß die Furcht vor dem Gegner die Furcht eines Alptraums ist? Die Menschen hassen den Krieg. Aber meistens leuchtet er ihnen unmittelbar ein, wenn es um die Verteidigung geht und wenn ein Krieg als Verteidigungskrieg deklariert wird. Darauf hat sich unsere Sprache längst eingestellt: Verteidigung, Vorausverteidigung, Vorneverteidigung, Verteidigungsfall, Verteidigungsminister! Dahinter steckt die bösartige und fast unangreifbare Annahme, daß man nur leben kann, wenn man sich verteidigt und wenn man starke Grenzen hat. Es ist eine tief pessimistische Auffassung vom Leben, von dem man annimmt, daß es nur hinter Wällen geht. Man darf sich keine Blöße geben, weil man außerhalb der eigenen Grenzen nicht etwa neuen und unbekannten Reichtum vermutet, sondern Feindesland und Bedrohung.

So wird allmählich Verteidigung zum eigentlichen Lebenskonzept und Abwehr und Selbstbesessenheit zur Lebensaufgabe. Die besten Gaben und die meisten Kräfte gehen an die Grenzen. Jeder Zug mit Gütern und Truppen, die an die Grenze gehen, hat Vorfahrt, das kennen wir aus dem letzten Krieg. Sich verteidigen, auf sich selber bestehen, sich von der Grenze her interpretieren – das bedeutet die sichere Verarmung und innere Verödung unseres Lebens. Die Selbstbesetztheit und das übermächtige Interesse an der Selbsterhaltung führt zum Tod. Unsere Verteidigung – ihr Tod, und schließlich unsere Verteidigung auch unser eigener innerer Tod.

Das politische Interesse an Aufrüstung und Verteidigung kann seine Selbstverständlichkeit nur behalten, wenn es zugleich die Hauptattitüde im Leben der einzelnen ist. Vorneverteidigung, Vorausverteidigung, Totalverteidigung, diese politischen Begriffe werden so einleuchtend, weil es das ist, was auch in unserem privaten Leben ein Hauptinteresse und ein Lebensprinzip ist, auf das wir setzen. Und so hält sich die düstere Lebensauffassung: Ums Dasein muß man kämpfen, außerhalb unser selbst ist alles böse und chaotisch. Darum müssen wir stark sein und können uns keine Blöße erlauben. Aber welch ein Verschleiß an Lebenskräften ist dies! Außerdem ist die Erschöpfung in der Selbstverteidigung nicht nur gefährlich für uns selber und für die anderen. Es ist dies eigentlich kein schönes Leben; eher ist es lächerlich und armselig, wenn man sich auf diese Weise in der Selbstverteidigung und in der ständigen Bestimmung der eigenen Grenzen erschöpfen muß.

Gehen wir zurück zu dem, der nicht auf dem starken Hengst Grane geritten ist, sondern auf der lächerlichen Eselin; der nicht im Blut des Drachen gebadet hat, sondern dessen Blutschweiß auf die Erde getropft ist; der ein Sohn dessen ist, welcher seine Mauern geschleift hat und ein zugänglicher Gott geworden ist! Es hat sich herausgestellt, daß der, der sein Leben in Selbstverteidigung erschöpft, sterben wird. Es hat sich noch nicht herausgestellt, daß das Leben der Gewaltlosigkeit und der offenen Grenzen geht. Schließlich ist Christus dabei umgekommen.

Auf jeden Fall wird sich herausstellen, daß ein Leben schöner, reicher, anmutiger, freier und frecher ist, in dem man nicht auf sich in angstbesessener Selbstbehauptung und in panischer Selbstverteidigung besteht. Die christliche Lehre von der Gnade könnte man so übersetzen: Ich brauche nicht auf mir zu bestehen, weder vor Gott noch vor den Menschen. Und dies ist die charmante Lehre von einem großen Lebensreichtum. Der Satz von der Gnade sagt ja keineswegs, daß Gott so groß ist und der Mensch so klein und daß das Leben darum nur geht in der Herabbeugung des einen zum anderen. Diese Lehre sagt, daß man das eigentliche Leben nicht kaufen kann; nicht die Liebe, nicht die Freundschaft, nicht die Vergebung. Die eigentlichen Lebensmittel kann man nicht erarbeiten, nicht vor Gott und nicht vor den Menschen. Man kann und man braucht nicht Erzeuger seines eigenen Lebens zu sein, und man muß nicht Vater und Mutter seiner selbst sein. Ich brauche mich nicht herzustellen, und ich muß nicht auf mir bestehen – ein Satz, der uns von uns selbst befreit und der das Leben leicht und schön macht.

2. *Am Namen der Toten arbeiten*

Auf eine Sendung, die sich mit der Nazizeit auseinandersetzte, bekamen der Südwestfunk und die Autorin der Sendung folgenden Brief: »Es ist mir unverständlich, wie man uns eine vor Nestbeschmutzung zum Himmel stinkende Person mit dem dummen Quatsch und dem blöden Gerede zumutet. Das Wort Auschwitz mußte natürlich auch mehrmals vorkommen und all das mit Worten nicht zu beschreibende dumme Gefasel, das ja dazugehört. Was glauben Sie eigentlich, wie dumm wir sind? Da können Sie im Dreck herumwühlen, soviel Sie wollen. Wir haben uns noch nie schuldig gefühlt und werden das auch nie tun. Wir sind nämlich dabei, unsere nationale Identität wieder offen zuzugeben. Wir haben ein Herz für Deutschland und sind Patrioten. Wir machen keine Kniefälle und keine Liebedienerei. Wir wollen wieder Recht und Ordnung, und solche Leute wie Sie können uns gestohlen bleiben. Sie sollten auswandern und nie wiederkommen.«

Noch größer als die Aggressivität dieses Briefes scheint mir die Verzweiflung zu sein. Ich höre die Sätze so: »Wir wollen doch jemand sein. In welchen stinkenden Dreck ziehst Du uns mit Deiner Erinnerung. Und jemand sein, einen Namen haben, das kann man doch nur, wenn man das Nest nicht beschmutzt und wenn unsere Vergangenheit ungebrochen ist.«

Ich verstehe diese Wünsche. Jemand sein, eine Geschichte haben, eine Herkunft haben, Lebende und Tote haben, zu denen man sich zählt, ein Herz für etwas haben dürfen, etwas lieben dürfen, sich nicht in der kritischen Distanz zur Geschichte und Gegenwart immer selbst vereinsamen müssen. Seine Identität offen zeigen zu dürfen, auch die nationale. Das heißt öffentlich zeigen, wer man ist und was man liebt. Ich verstehe diese Wünsche, und ich teile sie. Ich halte sie nur in einem Punkt für falsch: Die Schreiberin glaubt, sie könne nur dort zu Hause sein und dazugehören, wo das Leben gelungen ist, im positiven, im reinen, im nicht beschmutzten, im nicht zerstörten Leben.

Heimat, das ist die Voraussetzung der Schreiberin, gibt es nur als saubere Heimat, und Erinnerung darf nur glückliche Erinnerung sein. Vielleicht ist das Unglück, die Einsamkeit, die Zerstörung von Menschen manchmal zu groß, als daß sie sich die Erwachsenheit einer gebrochenen und zwiespältigen Erinnerung erlauben könnten.

Folgende Verse lese ich im Psalm 106, dem großen jüdischen Schuldbekenntnis aus der hebräischen Bibel:

»Wir haben gesündigt mit unseren Vätern,
wir haben Unrecht getan und gefrevelt.
Unsere Väter in Ägypten achteten nicht deiner Wunder.
Sie gedachten nicht an deine große Güte
und trotzten dem Höchsten am Schilfmeer ...
Bald schon vergaßen sie seine Taten.
Sie warteten nicht auf seinen Rat.
Sie empörten sich gegen Mose im Lager,
gegen Aaron, den Heiligen Gottes.
Da tat sich die Erde auf und verschlang Dathan
und bedeckte die Rotte Abirams ...
Sie hängten sich an den Baal Peor
und aßen von den Totenopfern.
Sie vermischten sich mit den Heiden
und lernten ihre Werke.
Sie dienten ihren Götzen,
die wurden ihnen zum Fallstrick.
Sie opferten ihre Söhne und Töchter den Dämonen.
Sie vergossen unschuldiges Blut,
und das Land wurde mit Blut besudelt.«

Der Psalm 106 gehört zum Kanon der hebräischen Bibel. Das heißt, das jüdische Volk erklärt darin eine offizielle Lesart seiner Geschichte und sagt: Man muß die Geschichte auch lesen können als Abfallsgeschichte, als Geschichte der Zerstörung, der Selbsterniedrigung und des Verrates. Erst dann weiß man, was die Geschichte der Erbarmungen Gottes ist. Fassungslos stehen die Beter des Psalms vor der Erinnerung an das Goldene Kalb, als die Väter sich so weit erniedrigten, daß sie ihren Gott der Befreiung abmalten in dem Bild eines Ochsen, der Gras frißt;

als sie eine große Vision gegen die Lächerlichkeit dieses Bildes umtauschten. Sie vergaßen ihren Gott, sie vergaßen seine Taten, sie vergaßen das Land des Lebens, das er ihnen versprochen hat.

Vergessen und in der Gegenwart ersticken; vergessen und die großen Träume zerstückeln – da kommen wir her, das ist unsere Vergangenheit, sagt der Psalmist. Der Psalmist sagt damit übrigens nicht, daß der Mensch im allgemeinen ein Sünder sei und daß nicht mehr von ihm zu erwarten sei. Es sind keine kostenlosen »So-ist-der-Mensch-nun-einmal«-Aussagen, kein allgemeines Sündenbewußtsein, das das konkrete ersetzt. Da werden Daten und Fakten und Orte angegeben: der Ochse am Horeb; das Trotzen am Schilfmeer, als sie eben befreit zurückwollten zu den Fleischtöpfen und in die Sklaverei, der Aufstand in Tabera.

Die Erinnerung des Psalmisten ist so konkret, wie die Bosheit der Väter konkret war. Und nach jeder Abfallserinnerung das Erstaunen der Beter darüber, daß man noch lebt, daß man atmet, daß man weitergeführt wird und daß die Erde noch nicht alle verschlungen hat. Welche Erwachsenheit und welche Stärke, darauf zu verzichten, Geschichte nur dann zu erinnern, wenn sie der eigenen Rechtfertigung dient! Der 106. Psalm erinnert Geschichte gegen das Volk, aber der Psalm ist im Kanon. Die Nestbeschmutzung ist sozusagen eine offizielle Lesart der Geschichte geworden.

Vielleicht liest sich der 106. Psalm glatt, weil er nicht die Erinnerung der Schuld unseres Volkes ist. Ein Student hat ihn im Gottesdienst einmal so übersetzt:

»Doch wir hörten nicht auf das Wort Gottes
und vertrauten nicht auf seine Verheißungen.
›Führer, befiehl, wir folgen!‹ – das war das Bekenntnis
auf unseren Lippen.
So tauschten wir die Herrlichkeit unseres Gottes
gegen das Abbild eines Menschen, der Übermensch
sein wollte,
gegen das Zerrbild des Kreuzes mit den vier Haken.

Wir hörten nicht auf den Gott des Lebens,
wir hängten uns an die Gesellen des Todes.
Wir begrüßten die Aufrüstung, verklärten den Tod
zum Akt des Opfers.
Wir überfielen, Polen, Dänemark, Norwegen,
Holland, Belgien,
Frankreich, den Balkan, die Sowjetunion.
Wir rotteten aus, die wir zu Untermenschen erklärten.
Wir erschossen, erhenkten, vergasten Millionen.
Wir opferten unsere Söhne und Töchter den Dämonen,
und mit Blut besudelten wir das Land.
Wir konzentrierten Menschen in Lagern,
in Auschwitz, Buchenwald, Dachau, Treblinka,
Maidanek, Ratibor, Bergen-Belsen, Mauthausen,
Flossenbürg, Neuengamme und an vielen anderen Orten.
Und die Erde verschlang uns nicht.«

Der Psalm wird schwieriger zu sprechen, wenn er die Erinnerung unserer eigenen Schuld ist. Es ist schwer, von einem Teil des eigenen Lebens oder der Zeit unseres Volkes zugeben zu müssen, daß sie vertan war, daß wir mit unseren Händen Menschen geschändet und getötet haben, daß wir bei den Leiden und Entbehrungen des Krieges und der Flucht des Teufels Märtyrer waren, daß wir umsonst gelitten haben; und ich lasse es als Frage: daß unsere Toten umsonst gestorben sind? Der Psalm 106 wagt es eindeutiger zu sagen. »Sie opferten ihre Söhne und Töchter den Dämonen und vergossen unschuldiges Blut.« Wir opferten unsere Söhne und Töchter, unsere Väter und Mütter und unsere Geschwister den Dämonen?

Man muß etwas über die Toten sagen können, daran hängt unsere eigene Lebensgewißheit. Was können wir sagen über diese Toten; über die, die wir ermordet haben; über die, die als Soldaten umgekommen sind? Die falschen Tode! Tode, in denen die Sterbenden nichts vererben. Schuld, das ist ein fast zu poetischer Ausdruck für das, dessen wir uns zu erinnern haben. Wir staunen, daß wir leben, daß wir atmen, daß wir küssen und daß uns der

Duft einer Blume erreicht. Das Staunen über die Erbarmungen Gottes.

Die Erinnerung unserer Schuld ist unsere Befreiung. Aber von wem soll uns denn diese Erinnerung befreien, wenn sie doch das dauernde Gedächtnis unserer Schmach und unserer Niederlage ist? Und hat das Christentum nicht genügend neurotisiert im Schuldbewußtsein?

In der Erinnerung der Schuld befreie ich mich zur eigenen Würde. Ich nehme mich selbst ernst damit. Wie vergeßlich wir sind oder wie ernsthaft wir uns erinnern, das hängt davon ab, was wir von uns und unserem Leben halten. Halten wir das Leben für kostbar und seine Zerstörung für ein Verbrechen, dann werden wir nicht darüber hinwegkommen, daß es in unserer Geschichte Zerstörung in einem solchen Ausmaß gegeben hat. Dann werden wir nicht aus dem Schatten der Vergangenheit heraustreten, wie uns allenthalben empfohlen wird. Und dann werden wir die Toten nicht vergessen. Wenn wir uns der Größe und der Schönheit für fähig halten, dann werden wir uns selber nicht so leicht vergeben und dann lassen wir uns selber die Schuld nicht so leicht ausreden. Und umgekehrt, wenn wir uns selbst und die anderen für gering halten, das Leben für unbedeutend und wegwerfbar, dann werden wir auch nicht zögern, es wegzuwerfen im Wegwurf der Erinnerung. Je größer man sich selbst denkt, je mehr Würde man beansprucht, desto weniger kann man sich entschuldigen. Sünde ist ein Begriff der Würde. Je mehr Selbstachtung man hat, desto weniger kann man sich von seinen Handlungen trennen und sagen: Davon habe ich nichts gewußt, dafür habe ich nichts gekonnt, da konnte ich nichts machen, da habe ich nur Befehle ausgeführt. In solchen Sätze erklären wir uns selbst zum Roboter, der wirklich nichts weiß, nichts machen kann, der gewissens- und verantwortungsfrei ist. Roboter haben keine Erinnerung und keine Schuld. Die Erinnerung unserer Schuld befreit uns dazu zu wissen, wer man ist. Sich selber zu erkennen und damit von der eigenen Undeutlichkeit befreit zu werden, das ist nicht nur ein philosophisches

Ideal, es gehört einfach zur Fähigkeit, mit dem Leben umzugehen. Die Erinnerung an mich selbst in der Erinnerung meiner Schuld gibt mir vor meinen eigenen Augen eine Gestalt. Ich lerne zu wissen, wer ich bin im Guten und im Bösen und was von mir zu erwarten ist. Ein Teil seiner selbst vergessen und ihn nicht zulassen, das heißt, sich selber undeutlich und damit sich selber ausgeliefert zu sein und nicht mit sich umgehen zu können. Denn das Vergessene ist ja nicht ungeschehen, es ist in Höhlen unserer Seele gedrängt, die wir selbst nicht kennen. Es kommt wieder, und es gewinnt Macht über uns als unser böser Traum, als unsere Krankheit, als unsere Unfähigkeit zu leben oder als unser neues Verbrechen. Alle Undeutlichkeit ist dem Menschen gefährlich. Was da ist, aber noch keinen Namen hat und kein Gesicht, sitzt uns als ein Alptraum auf der Brust. Es gibt ein pathologisch-christliches Sündenbewußtsein, das nichts anderes als negativer Selbstgenuß ist und die narzißtische Unfähigkeit, von sich selbst abzusehen. Aber das scheint in unserem Land und in diesem Augenblick nicht die große Gefahr zu sein. Die Hauptgefahr ist eher das pathologisch schlechte Gedächtnis, das zu unserem pathologisch guten Gewissen führt.

Bei der Betrachtung unserer Schuld gibt es eine Lähmung durch den Ausgang der Geschichte, der Auschwitz heißt. Auschwitz ist eine Tatsache, der kein Gewissen mehr gewachsen ist und an der kein Gewissen arbeiten kann. Die meisten der damals Lebenden und schon Denkenden waren keine Mörder. Es waren Blinde, es waren Schweiger, es waren Feiglinge. Es ist schrecklich zu sagen, aber die meisten haben damals wohl guten Gewissens gehandelt und geschwiegen. Die Erinnyen haben sie nicht geplagt, die Töchter der Nacht, die aus dem Tartarus aufsteigen und die Gewissen peinigen. Plötzlich steht hinter allem, was diese Menschen in normaler Fehlbarkeit getan oder unterlassen haben, eine abnorme Totalität – Auschwitz. Daran kann man nicht mehr arbeiten. Man kann Auschwitz nicht bereuen.

Darum müssen wir die Richtung unserer Erinnerung

ändern. Wir sollen nicht weiter über uns reden, nicht einmal über unsere Schuld. Über die Opfer zu reden, das soll die Gestalt der Erinnerung der Schuld sein. Es geht nicht darum, daß wir in aller Negativität an uns selbst festkleben. Es geht darum, daß unser Gesicht frei wird für das, was Menschen in unserem Land geschehen ist. Memoria passionis, Gedächtnis der Leiden: Die Toten sollten ihren Namen und ihr Gesicht behalten, das ist unsere Bekehrung.

Als die SS Lidice zerstörte, hat sie es nicht nur dem Erdboden gleichgemacht, sie hat den Namen des Dorfes aus den Akten getilgt und hat verboten, daß er genannt würde. Sie hat einen Bach, der durch das Dorf floß, umgeleitet, daß der Ort nicht mehr gefunden würde. Sie hat die Grabsteine vom Friedhof entfernt, daß die Namen der Toten nicht mehr genannt würden. Unsere Reue ist es, an den Namen der Toten zu arbeiten, indem wir ihre Gesichter wieder kenntlich machen und ihre Geschichte erzählen. Die Kirche soll der Ort des guten Gedächtnisses werden; der Ort, an dem die Niedertracht nicht triumphiert, die uns befiehlt, aus dem Schatten unserer Vergangenheit herauszutreten. Reue und Umkehr als Erinnerung der Namen der Opfer, nicht als qualvolle Selbsterinnerung!

Es gibt in dem 106. Psalm nicht nur die Monotonie der menschlichen Schuld und des Abfalls. Es gibt auch die Monotonie der Erbarmung Gottes. Es fällt mir schwer, dies angesichts der Opfer zu sagen: Das Evangelium fordert uns in einem Augenblick zum Erinnern und zum Vergessen auf. Erinnere dich des vergossenen Blutes und vergiß dich selbst! Auch das ist eine Form, nicht auf sich selber zu bestehen. Nicht einmal auf der eigenen Negativität. Vergiß, was hinter dir liegt, und strecke dich aus nach vorne! Erinnere dich des Namens der Opfer und bestehe nicht auf deiner Vergangenheit! Bestehe auch nicht auf deiner Sünde. Wir sind als Volk in einen unbeschreiblichen Abgrund gestürzt. Unsere Moral und unsere Ehrenhaftigkeit verlangen vielleicht, nur dies zu sagen. Aber in dem alten Buch lesen wir, daß jeder Sturz auch ein Sturz ist in den Abgrund des mütterlichen Schoßes Gottes.

3. Die Freiheit, sich von sich selbst zu trennen

»Und als sie wanderten, sagte einer auf dem Wege zu ihm: Ich will dir nachfolgen, wohin du auch gehst. Jesus sprach zu ihm: Die Füchse haben Gruben und die Vögel des Himmels Nester; der Sohn des Menschen dagegen hat nichts, wo er sein Haupt hinlegen kann.

Er sprach zu einem anderen: Folge mir nach! Der antwortete: Erlaube mir, zuvor hinzugehen und meinen Vater zu begraben. Er sprach zu ihm: Laß die Toten ihre Toten begraben! Du aber geh hin und verkündige das Reich Gottes!

Es sagte ein anderer: Ich will dir nachfolgen, Herr; zuvor jedoch erlaube mir, von denen, die in meinem Hause sind, Abschied zu nehmen. Jesus sprach zu ihm: Niemand, der seine Hand an den Pflug legt und zurückblickt, ist geschickt für das Reich Gottes« (Lukas 9,57–62).

Zu diesem Text aus Lukas 9 habe ich ein Verhältnis wie zum Protestantismus. Ich liebe ihn nicht besonders, aber er muß sein. Ich will mich noch einmal umschauen nach der Stelle, von der mich das Evangelium vertreibt: Ein Nest haben, das einen aufnimmt und wärmt; eine einzige Stelle haben, wo man sich hinlegen und schlafen kann und nicht in sprungbereiter Wachheit immer auf die nächste Aufgabe warten muß. Die Toten möchte ich begraben. Und wenn ich schon gehen muß, dann möchte ich Abschied nehmen. Ich möchte zurückschauen und versöhnt weggehen von dem Haus, aus dem ich komme, und von den Toten, die ich zurücklasse.

Es ist ein messerscharfer Text, der mit nichts weniger zufrieden ist als mit dem Ganzen, mit dem Ende, mit dem Reich Gottes. Es ist ein Text, der uns verbietet, zu Hause zu sein im falschen Leben.

Ein Nest haben, das einen beschützt, bei den Toten bleiben, ausgesöhnt sein mit der eigenen Herkunft. Ich spüre eine gefährliche katholische Süße. Die Süße der Lieder der Heimat. Die Süße des Bannes der Vergangenheit.

Ein Kultusminister hat bald nach seiner Amtseinführung angeordnet, daß die Kinder in der Schule wieder die alten Heimatlieder lernen. Die alten Lieder der Heimat! Es gibt eine Sehnsucht, die ihren Traum schon hinter sich hat. Und dann liegt alle Lebenssüße und alle Lebensganzheit in der Vergangenheit. Da war es noch schön, da möchten wir wieder hin. Sich selbst treu bleiben, identisch mit sich selber bleiben, das heißt dann immer nur, die Vergangenheit zu wiederholen. Ich zitiere den Schluß einer Rede eines Politikers zum Thema Preußen und die deutsche Nation.

»So will ich schließen mit einem ›Zurück zu Preußen‹. Dorthin sollen wir uns wenden, zu den ewigen Werten, die Preußen groß gemacht haben. Alle unsere elf Kultusminister sollten alle Tugenden wieder lehren und lernen lassen, die für das Gute, das Wahre, das einige Deutschland stehen: Pflichterfüllung, Vaterlandsliebe, Ehre, Unbestechlichkeit, Bescheidenheit ... Tapferkeit, Mut, Fleiß und Arbeitslust, Sauberkeit, Pünktlichkeit, Abkehr von der Konsumsucht, Hilfsbereitschaft, Nächstenliebe, Gastfreundschaft, Ehrlichkeit, Loyalität und Solidarität, Furchtlosigkeit, Disziplin, Kameradschaft, Geist, Friedensliebe, Heimatliebe, Güte, Mitleid, Patriotismus, Tatendrang ...«

Die Sehnsucht hat ihren Traum schon hinter sich. Das Reich liegt hinter uns, die Parole heißt »zurück«. Es soll nicht die Fülle des Lebens kommen, die kein Auge gesehen und kein Ohr gehört hat und die noch in keines Menschen Herzen gedrungen ist, es soll das kommen und wiederkehren, was immer schon war.

Diese Vergangenheit kann man natürlich nur zurückwünschen, wenn man sie ungeheuer fälscht. Das Verhältnis zur Vergangenheit ist dann gerade nicht das der Erinnerung, sondern des Vergessens. Vergiß, was diese Vergangenheit Menschen angetan hat, was sie dem Leben vorenthalten hat und wie sie das Leben korrumpiert hat. Vergiß die Opfer, dann hast du eine saubere Vergangenheit, und dein Traum ist gerettet!

Die Liebe zur verklärten Herkunft ist in Wirklichkeit

wenig konservativ. Denn sie muß die Gesichter der Toten vergessen. Ein solches Verhältnis zur eigenen Geschichte und Tradition hat ein hohes Austilgungsinteresse. Ausgetilgt aus dem Gedächtnis muß das Zerstörte, die Schuld, das Negative werden. Das muß so sein, denn die Erinnerung unserer Schuld und der Zerstörung erlaubt uns nicht Kontinuität, sondern fordert Bekehrung. Das Heil aber wird vor allem gesehen in der Kontinuität, in der Wiederholung der stilisierten Geschichte. Gerechtfertigt scheine ich nach einer solchen Konzeption, wenn ich etwas wiederhole, wenn ich in der Leibeigenschaft der eigenen Vergangenheit bleibe; denn fraglos ist das, was schon einmal war. Ich bin nur ich, wenn ich an mir selbst anknüpfe, an der Herkunft, an den alten Liedern, an den alten Werten der Kultur, an den alten Bräuchen, an den alten Gedanken. Laß uns die alten Heimatlieder wieder singen! Laß uns bei den Toten bleiben, dem Haus, in dem man schon immer gewohnt hat, wenigstens das Nest soll man uns doch lassen in der kalten Welt!

Dagegen unser Text: Des Menschen Sohn hat nichts, wo er sein Haupt hinlege ... Wer seine Hand an den Pflug legt und zurückschaut, ist nicht geschickt für das Reich Gottes ... Laß die Toten die Toten begraben. Das Reich Gottes, das ist die andere Sehnsucht; nicht die Sehnsucht nach dem Traum, der in der Vergangenheit liegt. Es ist die Sehnsucht nach dem, was kommen soll und was schon angebrochen ist. Das Reich Gottes, in dem keiner mehr weint, in dem keiner mehr die Beute des anderen wird und in dem Gott alles in allem ist.

Warum trennt mich denn der Gedanke des Reiches Gottes und seine Verkündigung von dem Haus, aus dem ich komme? Warum erlaubt er mir nicht, zurückzuschauen, die Toten zu begraben und versöhnt zu sein?

Ein großer Traum macht hungrig und unversöhnt mit der Gegenwart. Wenn die Sklaven nicht wissen, was Freiheit ist, dann leben sie leichter. Dann ist ihr Los natürlicher, und sie sind auch in der Entfremdung ein Stück zu Hause. Aber wenn sie von der Freiheit gehört und ihre Bilder gesehen haben, dann wachen sie auf, sie sehen sich um und fühlen sich im fremden Leben. Die großen Träume arbeiten am Ende unserer Bescheidenheit. Das Reich Gottes, die Vision vom ganzen und unzerstörten und befreiten Leben, das ist die eigentliche Einführung in die Verachtung der Fleischtöpfe Ägyptens. Das macht uns hier ein Stück fremd und nestlos. Wir finden keine Stelle, an der wir endgültig bleiben wollen. Und das Haus, aus dem wir kommen, wird uns zu eng. Wir lernen, daß wer seine Seele bewahren will, sie an einen großen Traum verlieren muß. Wir lernen, daß nicht die Kontinuität unser Leben rettet, sondern der Bruch, der Abschied, das Weggehen. Sich nicht ganz dazugehörig fühlen, sich verändern und bekehren, sich der »Gestalt dieser Welt« nicht gleichmachen – das sind alte christliche Selbstverständlichkeiten.

Ich vermute, daß der, der ein Stück des großen Traumes geträumt hat, eher ein vaterlandsloser Geselle und ein unsicherer Kantonist ist. Denn das Reich Gottes bestreitet der Korruption der Gegenwart ihr Recht. Und wer etwas von ihm verstanden hat, der wird weniger die »Es-war-einmal-Lieder« singen und öfter die »Es-wird-einmal-sein-Lieder«. Schon weggegangen zu sein aus den alten Häusern, noch nicht angekommen zu sein im versprochenen Reich, das ist unsere Lage. Und das zu leben, das müssen wir noch lernen. Eine beschwerliche Schönheit: eine Schönheit ohne Dach über dem Kopf.

Wir leben davon, daß einer mit seiner Vergangenheit aufgeräumt und mit sich selber gründlich gebrochen hat. Der Gott in Christus, der Aussteiger aus seinem Glanz, aus seiner Macht und seiner Fülle hat nicht an sich selbst festgehalten. Als meine Tochter klein war, konnte sie es nicht ertragen, von einem Gespräch, einem Zusammensein, einer Unternehmung ausgeschlossen zu sein. Ihr Standard-Wort war: Auch dabei! Dieser Gott in Jesus Christus, der zärtliche »Auch-dabei« in der Kälte von Bethlehem. So nennt ihn auch die Tradition: Emanuel, der Gott mit uns; der nicht mehr auf sich selbst bedachte und der sich nicht selbst behauptende Gott. Wenn wir in unserem

Land die Niederlage verdrängen, wenn wir unsere Schuld verschweigen und die Gesichter der Opfer vergessen, wenn wir an den Denkmälern der eigenen Stärke bauen, dann ist das ein Akt ungeheurer psychologischer Selbstbehauptung. Kann man aber an Gott glauben, der sich nicht behauptet, und sich gleichzeitig selber in Selbstbehauptung erschöpfen?

Der Gedanke des Reiches Gottes nimmt uns ein Stück unserer »Staatsangehörigkeit« in der Gegenwart. Aber man kann nicht nur ausgestreckt leben, nicht nur in der Erwartung und nicht nur in Distanz zu Gegenwart und Vergangenheit. Unsere Hoffnung auf das Leben wächst, wenn wir uns des Gelingens des Lebens erinnern können. Vielleicht ist das die Wahrheit der allenthalben anzutreffenden Sehnsucht nach dem »Positiven«. Erinnerung soll es also geben als die Erinnerung der Leiden, als die Erinnerung unserer Schuld, die Menschen leiden gemacht hat, und als Erinnerung des gelungenen Lebens. Dies will ich in einer Geschichte des Trostes erklären.

Ich möchte an Hans Litten erinnern, der in den KZs der Nazis umgebracht wurde. Er war Anwalt und verteidigte in der Weimarer Republik vor allem Sozialisten. Nach dem Reichstagsbrand wurde er verhaftet. Im KZ wurde ihm ein Bein steif geschlagen, der Kiefer gebrochen, Gehör und Auge irreparabel verletzt. Aus dem Lager Lichtenburg wird folgende Szene berichtet: Die SS hatte ein Fest befohlen, das die Gefangenen gestalten sollten. Litten hatte es übernommen, ein Gedicht vorzutragen, und am Ort des Grauens zitierte er die dritte Strophe aus dem Lied der Jugendbewegung »Die Gedanken sind frei«:

»Und sperrt man mich ein
in finstere Kerker,
das alles sind rein
vergebliche Werke,
denn meine Gedanken
zerreißen die Schranken
und Mauern entzwei:
die Gedanken sind frei.«

Diese Geschichte erzählt nicht nur, wie ein Mensch niedergeknüppelt wurde. Es ist zugleich die Geschichte einer wehrlosen und unbezwingbaren Schönheit. Ich entdecke mich bei dem Wunsch, ein Bild dieses Menschen zu besitzen, und ich habe es schon in dieser Geschichte. Die Geschichte ist memoria passionis, Erinnerung des Leidens, das diesem Menschen angetan wurde. Und ohne diese Erinnerung verkümmere ich selber in meiner Humanität. Sie ist auch memoria dignitatis, Erinnerung der Würde, die ein Menschen behauptet hat; Erinnerung daran, daß das Leben und die Würde möglich sind. Dieser Mensch mit seiner Geschichte ist heilig wie das gebrochene Brot des Abendmahls. Seht, welch ein Mensch! Dies sage ich nun nicht mehr nur im Entsetzen darüber, was ihm angetan wurde und wie ihm das Leben genommen wurde. Mitten in der Zerstörung des Lebens lehren mich der Mut, die Stärke und die Würde dieses Menschen die Möglichkeit des Lebens. Seht die Schönheit dieses Menschen! Welch ein Widerspruch: Die Geschichte, die mir die Sprache verschlägt, lehrt mich zugleich, das Leben zu preisen.

Unser Glaube nährt sich nicht allein von der Zukunft, von der Hoffnung auf die Stadt, in der einmal der Mensch nicht des Menschen Feind sein wird. Der Glaube hat ein Angeld. Es gibt schon einen Vorgeschmack dessen, was einmal sein soll für alle. Das ist all das, was uns gelingt im Leben und was wir bei anderen gelungen sehen. Die Erinnerung an das Gelungene nährt unsere Hoffnung. Es reicht nicht, ein zukünftiger Mensch zu sein; man muß auch gegenwärtig sein dürfen, wenigstens im Angeld, wenigstens im Vorschein. Und so wahr Theologie Klage über das verlorene Leben und damit Einklagung des versprochenen Lebens ist, so wahr muß sie auch Preis des Lebens sein. Unsere Sprache müßte ein Lob des Lebens unter Tränen sein: ein Lob also, das nicht absieht von all dem, was Menschen angetan wird; Tränen also, die die Augen nicht blind machen für den Charme und die Schönheit des Lebens und die die Hoffnung auf das Reich Gottes nicht wegschwemmen.

Keine Zeit, Gott zu verschweigen

Ich bin befreundet mit einem jungen Paar, das es schwer mit sich hat. Sie lieben sich, aber sie stürzen sich gegenseitig auch immer in große Verwirrung und Verzweiflung. Sie wollen zusammenbleiben, aber sie tragen zusammen eine Last, die sie aufreibt. Sie waren früher einmal in der Kirche. Schon vor langer Zeit sind sie ausgetreten; denn sie hatten keine Hoffnung mehr auf das Christentum. »Wir wissen nicht mehr ein noch aus«, sagten sie in einem Gespräch. »Und stell dir vor: Wir haben angefangen, miteinander zu beten – warum auch immer und zu wem auch immer.«

Lassen Sie uns das Paar betrachten! Sie lieben sich, das ist nicht umstritten. Sie wollen zusammenbleiben. Und: Ihr Leben miteinander droht in Stücke zu fallen. Sie wissen nicht mehr, was sie tun sollen. Nur das eine wissen sie: Sie wollen auf ihrer Liebe bestehen. Sie hatten eine große Hoffnung miteinander, und diese wollen sie nicht preisgeben. Und sie erfahren: Ihre Qual ist groß. Alle Bearbeitung, alle Gespräche scheinen sie in noch tiefere Ohnmachten zu stürzen. Und nun springen sie aus sich selber heraus; wohin, wissen sie nicht: »Wir haben angefangen, miteinander zu beten – warum auch immer und zu wem auch immer.« Können sie das denn verantworten? Bleiben sie denn authentisch mit sich selbst, wenn sie nun Gott ins Spiel bringen? In intellektueller Redlichkeit haben sie damals den Schritt aus der Kirche getan. Sie haben es sich überlegt, sie haben nichts Unbesonnenes getan.

Ihre Rationalität und ihr Gewissen haben ihnen verboten, einem Glauben anzuhängen und eine Sprache zu sprechen, die nicht mehr die eigene war. Allen Respekt vor dieser Redlichkeit! Und nun? Was ist aus ihrer verantworteten Wahrheit geworden? Und wo ist ihre Treue gegen sich selbst?

Als es ihnen miteinander gutging, als sie die Zerstörung noch nicht kannten, als sie wenig Wünsche an das Leben hatten, weil ihre Wünsche miteinander schon erfüllt waren, da konnten sie sich – so schien es – den Luxus der Übereinstimmung mit sich selbst und der intellektuellen Redlichkeit erlauben. Aber nun ist ihr Leiden groß; ihr Wunsch, miteinander leben zu können, ist gewachsen, weil das gemeinsame Leben bedroht und nicht mehr selbstverständlich ist. Die Sprache mit Gott und die Sprache zu Gott ist bei unserem Paar ein Akt der Liebe und ein Akt der Verzweiflung. Zum Gebet sind sie nicht gekommen nach langem Nachdenken über theologische Sachverhalte. Sie haben keine Bücher gelesen oder theologische Vorträge besucht. Sie haben etwas, das mehr ist als alle theologischen Bücher: einen großen Wunsch an das Leben. Sie wollen keine Halbheiten zwischen sich. Sie wollen sich nicht abfinden mit der drohenden Zerstörung. Und da tut ihre Hoffnung etwas, was ihr Verstand nicht mehr rechtfertigen kann: Sie beten. Sie werfen sich in ihrer Hoffnung über sich selbst hinaus, weil sie mit sich allein nicht auskommen. Fast ist es ihnen gleichgültig, wohin sie sich werfen. Sie beten. »Zu wem auch immer«, sagen sie. Nur nicht bei sich allein bleiben in den Zeiten der geringen Kraft und der anbrechenden Zerstörung!

Sicher haben sie nicht gedacht, daß ihr Zustand sich magisch verändert, wenn sie zu Gott beten. Vielleicht suchten sie einen großen Zeugen für ihre großen Lebenswünsche. Weil diese Wünsche so groß sind, haben sie keine Zeit mehr, sich Gott zu verschweigen. Selbst dann nicht, wenn sie nicht genau wissen, was sie tun, und wenn ihr aufgeklärter Verstand ihnen nicht folgen kann bei dem, was sie tun.

Nun hat uns dieses atheistische Paar mit seinem ersten religiösen Stammeln doch etwas gelehrt: Unsere Rede zu Gott wird möglich, wenn wir wissen, *was* wir reden sollen. Wir schreien und klagen, wir bitten und betteln, wir rufen den Zeugen unserer großen Wünsche an das Leben an, wenn wir solche Wünsche überhaupt haben. Je mehr wir vom Leben halten, je mehr wir glauben, daß das Leben uns etwas schuldet und daß wir dem Leben etwas schulden, um so weniger werden wir Gott als den Garanten des Lebens verschweigen. Früher haben die Menschen manchmal vom feurigen Gebet gesprochen oder vom Glutgebet. Was macht denn das Gebet feurig und zur heißen Glut? Das ist nicht die persönliche religiöse Virtuosität des Beters. Wir beten um so feuriger, je mehr wir wahrzunehmen vermögen, wo das Leben geschändet und beleidigt wird.

Im katholischen Meßbuch gibt es ein Gebet um die Gabe der Tränen. Vielleicht ist das die erste Bitte, die wir an Gott richten sollen: Die Bitte, vor Zorn und vor Schmerz weinen zu können, wo das Leben angetastet wird.

Einmal war ich mit einer alten Frau im Hafen von Kiel. Es lag ein Kriegsschiff da. Die Alte sah es und weinte. Und sie sagte: »Gott wird das Teufelszeug vernichten!« Die Tränen dieser alten Frau, ihre Fähigkeit, die Bedrohung des Lebens wahrzunehmen, ihr Wunsch nach Frieden, das ist der Boden ihres Psalms: »Gott wird das Teufelszeug vernichten!« Ein einfacher, eindringlicher und einsichtiger Lebenswunsch treibt sie in eine große Sprache, die aufs Ganze geht und vor nichts halt macht, bis dieser Lebenswunsch erfüllt ist. Ob diese Frau richtig von Gott redet, das entscheidet sich nicht daran, daß sie eine richtige Theologie hat, sondern daran, daß sie einen richtigen, großen und würdigen Lebenswunsch hat. Diese Lebenswünsche machen ihre Rede zu Gott und von Gott authentisch und wahrhaftig.

Was das für das Paar, das mit sich selbst nicht zurechtkommt, und für die alte Frau, die ihren Zorn gegen die drohende Zerstörung nicht verbirgt, heißt, Gott ins Spiel bringen, möchte ich in vier Sätzen entfalten.

Gott nennen heißt der eigenen Hoffnungslosigkeit widersprechen

Indem das Paar und die alte Frau Gott nennen in ihrem Schmerz und in ihren Wünschen, machen sie einen frechen Bruch mit dem natürlichen Kreislauf der Dinge. Die Frau und das Paar könnten ja auch anders reagieren. Sie könnten sich in ihrer Hoffnung begrenzen. Das Paar könnte sagen: So ist es nun einmal. Wir waren unsere Zeit zusammen. Nichts dauert ewig. Unsere Liebe ist krank. Also gehen wir. Die alte Frau könnte sagen, daß es Kriege immer gegeben hat, daß der Mensch so sei, wie er ist. Sie könnte sagen, daß Krieg die Natur der Sache sei. Sie könnten also mit sich selbst stimmig bleiben in der geringen Lebensaussicht und in der Hoffnungslosigkeit. Vielleicht würden sie sogar weniger leiden, wenn sie sich einverstanden erklärten mit den Korruptionen des Lebens. Aber sie tun dies nicht. Sie rücken den Liebhaber und den Garanten des Lebens an sich heran. Und so bleibt ihr Leiden nicht stumm und in sich selbst verfangen. Es kommt ein Riß in ihre Hoffnungslosigkeit. Diese Menschen gewinnen eine Sprache für die Sache, die sie treibt: für ihren Schmerz, für ihre Liebe, für ihre Angst davor, unterzugehen und das Leben nur halb zu leben. Und wer eine Sprache hat, der kann sich damit gegen die Aussichtslosigkeit des Lebens stemmen. Die Zerstörungen, die dem Leben angetan werden, haben eine große Überzeugungskraft: die Liebe, die zerbricht; die Freundschaft, die verraten wird; die Bomben, die gebaut werden; die Folter, unter denen Menschen gebrochen werden – sie machen es uns einleuchtend, daß man auf nichts hoffen soll, daß man keinen Wurf wagen soll, daß man sich höchstens ducken kann, damit einen das Unglück nicht mit voller Breite trifft. Es ist schwer, nicht der Süße der Hoffnungslosigkeit zu verfallen. Ich nenne die Hoffnungslosigkeit süß, weil sie nichts von uns verlangt, außer daß man sich ihr ergibt. Sie verlangt keinen Aufschrei, keinen Zorn, keinen Protest. Sie verlangt nur unsere Müdigkeit und daß man sich ihr hingibt. Wer aber Gott nennt, wer sagt, daß er keines seiner Geschöpfe aus der Hand läßt, dessen ergebene Hoffnungslosigkeit bekommt einen Riß; der setzt sich in Widerspruch zu den eigenen Erfahrungen des Todes und der Vergeblichkeit.

Gott nennen heißt der eigenen Bosheit widerstehen

Im Alten Testament wird uns berichtet, wie David Bathseba die Frau des Hethiters Uria begehrte und wie er mit ihr schlief. Er läßt den Uria an die vorderste Front versetzen, wo er fallen mußte. Der Weg ist nun frei, Komplikationen sind vermieden. Was im Wege stand, mußte über die Klinge springen. Die Brutalität der Macht folgt ungestört den eigenen Interessen. Aber der König bleibt nicht einig mit sich selbst. Die Macht wird gestört. Der Prophet Nathan wird von Gott geschickt. Er durchbricht im Namen Gottes die selbstverständliche Bosheit des Herrschers und kündigt der Sünde ihre Strafe an.

Wer tritt uns entgegen, die wir in ungestörter Selbstherrlichkeit mit Menschen, mit Tieren und mit der Natur umgehen, als sei alles zu unserer Beute gedacht? Wer öffnet uns die Augen und lehrt uns die Schmerzen unserer Opfer sehen? Wir in der Ersten Welt können fast in unbegrenztem Maße die Welt nach unseren Interessen modellieren. Wir können unsere Feinde in die Steinzeit zurückbomben. Wir können Flüsse begradigen, Kanäle bauen, Wälder roden, Tiersorten züchten und ausrotten, Gehirne waschen, in der Gen-Manipulation unsere eigene Nachkommenschaft züchten und sie unseren Bildern unterwerfen. Das einzige, was wir kaum noch können, ist, mit den Folgen unserer Machenschaften fertig werden: mit der zerstörten Natur, mit den ausgebrannten Ressourcen, mit den aufgestapelten Vernichtungsmaterialien. Gott nennen hieße, in Distanz zu sich selbst zu kommen und sich in den eigenen Absichten zu unterbrechen. Gott beim Namen nennen heißt uns vor uns selbst schützen.

Es ist vielen von uns lange Zeit schwergefallen, Gott unseren Herrn zu nennen. Wir haben darum gekämpft, ihn Bruder, Schwester, Geliebten und Geliebte nennen zu dürfen. Wir haben daran gearbeitet, ihn mit zärtlicheren und mütterlicheren Namen rufen zu dürfen als mit dem Namen Herr. Heute aber, wo unsere Selbstherrlichkeit keine Grenzen mehr kennt, wo sie die Grenzen des Lebens selbst antastet, da hilft mir der Name Gottes, des Herrn, gegen mich selbst. Er befreit mich von der tödlichen Allmacht, in der ich mir selber und dem gesamten Leben gegenübertrete. Gott zu nennen heißt, daß ich nicht der Besitzer des Lebens bin.

Gott nennen heißt dem Leben Würde geben

Gott begrenzt unsere Macht. Gott stellt uns unseren eigenen boshaften Absichten gegenüber, denn er ist unser Herr. Das ist richtig, aber nicht das Wichtigste. Denn die Begrenzung kann unsere Bosheit in Schranken halten, aber sie überwindet sie noch nicht.

Die Liebe zu Gott macht uns zu Geschwistern allen Lebens. Als Zeugen für diesen Satz möchte ich einen großen Liebhaber Gottes und des Lebens zitieren, Franz von Assisi: Er liebt Gott. Er ist verliebt in seinen heimatlosen, armen, schutzlosen, verwundeten und getöteten Herrn Jesus. Ein Zeichen großer Verliebtheit ist es, daß der Liebende in einer Art von Besessenheit alles in Zusammenhang mit dem Geliebten bringt. Er hat ein Zentrum des Verstehens und der Wahrnehmung der Welt gefunden. Er leiht sich die Augen des Geliebten, um die Natur zu sehen.

Er leiht sich die Arme des Geliebten, um Welt und Menschen zu umarmen. Er denkt mit dem Kopf des Geliebten. Nichts geschieht mehr und nichts wird wahrgenommen, erlitten und getan unabhängig vom Geliebten. Es ist, als habe der Liebende sein Zentrum verlagert. Er steht nicht mehr in sich selbst, in den eigenen Interessen und in der eigenen Macht. Er steht bei dem, den er liebt. Und dieser geliebte Gott wird Franziskus »alles in allem«. Die Liebe läßt nichts getrennt und unvereinigt. Die Einteilungen der Welt werden überwunden. Nichts bleibt seine eigene nackte und verwertbare Tatsache. Alles wird zusammengebracht, und nichts wird ausgelassen. Darum sieht Franziskus in dem aussätzigen Bettler, in dem alten Mann, dem der Mantel fehlt, in der Frau, die kein Brot für die Kinder hat, die Wunden Gottes in dieser Welt. Die große Vereinigung ist vollzogen. Gott und der Aussätzige, Gott und die alte Frau, Gott und die Blumen, Gott und der Wolf und die Haubenlerchen sind zusammengekommen. Wer Gott im Ernst nennt, nennt alles. Wahre Frömmigkeit ist immer ein Stück praktischer Pantheismus. Franziskus braucht nicht Gott *hinter* dem Bettler zu sehen und die Wunden des Herrn *hinter* den Wunden des Aussätzigen. Gott und der Bettler, die Sonne und die Tiere und der Schmerz und die Freude sind nicht mehr getrennt. Tod und Leben sind nicht mehr getrennt, und der Tod wird als willkommener Bruder begrüßt. Die Bewegung der Liebe ist eine geworden. Wenn sie zu dem Einen will, muß sie zu allen. Wenn sie auf alle zielt, trifft sie den einen. Würde der Name Gottes im franziskanischen Sinn unter uns genannt, dann wäre dies das Ende eines jeden Imperialismus. Keiner würde sich mehr vom Fleisch der anderen nähren.

Wenn wir wie Franziskus Gott und das Leben nicht trennen, dann nennen wir mit dem Namen Gottes auch immer die Namen seiner Wunden in dieser Welt. Wir nennen die geschändete Natur, wir nennen die Arbeitslosen, wir nennen die Gefolterten, wir nennen den Hunger und wir nennen unsere eigenen Wunden. Über Gott sprechen heißt dann Würde verlangen für alles Leben in der Welt. Vielleicht ist die eigentliche Blasphemie des Namens die Trennung Gottes von seiner Welt; die Trennung Gottes von dem, was er liebt und woran er leidet bis ans Ende der Tage.

Ich erinnere an den amerikanischen Jesuiten Daniel Berrigan. Er kämpft seit vielen Jahren gegen die Vernichtung der Welt durch Krieg. Er war während des Vietnam-Krieges und viele Male danach im Gefängnis wegen seines Widerstandes gegen Militarisierung und Kriegsvorbereitung. Als er einmal in Europa war, kam es zu folgender Situation: Er hatte anstrengende Wochen hinter sich. Er hatte lange Zeit zwei- oder dreimal in vielen Städten gesprochen. Er war müde und beschloß, sich bei Freunden ein paar Tage auszuruhen. Er wollte lesen, er wollte beten, er wollte ins Theater gehen, er wollte Musik hören. Da kam ein Anruf aus einer Tagungsstätte, in der einige hundert junge Menschen zusammen waren. Zu ihnen sollte er sprechen. Seine Freunde meinten, dies sei wichtig und eine gute Gelegenheit, für seine Sache zu werben. Er lehnte ab und zog statt dessen Konzert- und Theaterbesuch vor. »Wenn es an mir hängt«, so sagte er, »ist die Sache sowieso verloren!«

Dieser Mensch verhält sich widersprüchlich. Er kämpft, er redet, er fastet für den Frieden, er war Jahre im Gefängnis, und er läßt sich Zeit, er hört Musik, er geht ins Theater. Er, der ohne zu zögern ins Gefängnis geht, tut, als sei das Leben schon gelungen, als könnte man schon Wein trinken und als könnte man schon ausruhen. Dieser Mensch ist ein Zeuge des Lebens, aber er tut nicht, als sei er der Garant seines eigenen Lebens und des Lebens der Welt. Welche Schönheit, Zeuge des Lebens sein zu dürfen! Welche Entlastung, nicht Garant des Lebens sein zu müssen! Wir fangen nicht an, und wir werden nicht vollenden. Der Name Gottes wird unter uns genannt, und er ist mehr als die Umschreibung unserer eigenen Kräfte. Ich trage die Welt nicht auf meinen Schultern, und ich halte die Welt nicht in meiner Hand. Sie ist in der Hand Gottes. Vor allem aber: Ich brauche nicht für mich selber zu garantieren, nicht für meine Halbheit, nicht für meine Korruption, nicht für meine Endlichkeit. Ich weise mich nicht durch meine eigenen Erfolge aus. Ich habe den Stolz, mit Gott zu arbeiten und zu lieben, was er liebt. Und ich habe die Frechheit, mich nicht um die Begründung und den Ausweis meiner Existenz zu kümmern. Vielleicht meinen einige, dies sei zu früh gesagt. Erst müsse man sich abrakkern, dann dürfe man feiern. Aber Protestanten kann man den Stolz, die Ermunterung zum Feiern nie zu früh sagen. Wir sind nicht die atemlosen Jagdhunde Gottes. Wir sind schon angekommen in dem Land, zu dem wir unterwegs sind. Laßt uns dies glauben, damit wir leben können und damit andere mit uns leben können.

Wir haben keine Zeit mehr, Gott zu verschweigen. Denn die Hoffnung ist knapp geworden. Denn unsere Bosheit ist groß geworden. Denn wir wollen Würde für alle. Denn wir können die Welt nicht allein tragen. Wie aber nennen wir Gott? Ich möchte vor allem zu denen sprechen, denen sein Name nicht mehr geläufig ist und die doch mit ihrem Herzen an der Sache hängen, die Gott meint.

Zunächst: Daß wir den Namen Gottes nicht mehr mit leichten Lippen sprechen, ist für die Reinheit unserer Sprache eine große Chance. Es gab Zeiten, da war der Name Gottes eine unbedachte Selbstverständlichkeit. Überall und von jedem wurde er genannt, und was damit gemeint war, war fast nicht mehr zu erkennen. Der Name mußte genannt werden. Und wer ihn nicht nannte, galt nicht nur als areligiös, sondern als Staatsfeind. Diese Zeiten sind vorbei, Gott sei Dank! Wir werden nicht mehr dafür belohnt, wenn wir Gott im Munde führen; und es wird keiner bestraft, der es nicht tut. Nun können wir den Namen Gottes wählen. Das *Oktroi* dieses Namens verletzt unsere Freiheit nicht mehr. Wenn wir den Namen Gottes wählen, wählen wir ihn bewußt und nicht nur in verhängter Blindheit. Wir wissen nun, was damit gemeint ist.

Viele von uns fragen: Kann man nach Auschwitz, nach Hiroshima, nachdem die Welt bis zum Rand mit Vernichtungswaffen vollgelagert ist, noch einmal ein Ganzes nennen, ein Herz allen Lebens, in dem alles zusammengehalten ist? Kann man Gott nennen, nachdem seine Welt auseinandergefallen ist? Ich möchte dazu zwei Dinge sagen:

Der Zweifel, wenn er uns nicht ganz verstummen läßt, reinigt unsere Sprache. Vielleicht werden besonders die von Gott Zeugnis ablegen, denen man die Mühe des Sprechens anmerkt. Ich habe Angst vor den Systematikern und den Leichtzüngigen. Systematisch verhält sich, wer die Zerstörungen der Welt notiert, die gegen den Glauben an die stützende Hand Gottes sprechen, und wer aus der Wahrnehmung der Zerstörung nichts anderes sagt, als was zu sagen ist: daß die Welt ist, wie sie ist – zum Tode und zur Sinnlosigkeit verurteilt. Systematisch verhält sich auch, wer ungestört durch die Tatsache des Aberwitzes und der Sinnlosigkeit mit sicherer und kostenloser Sprache das gekommene Heil behauptet. Unser Herz soll so erwachsen sein, daß wir den Widerspruch aushalten, den Widerspruch zwischen dem, was wir sehen an Zerstörung und Beleidigung des Lebens, und den Versprechungen Gottes. Der Zweifel, sofern er uns nicht verschlingt, hält unsere Wunden offen und unseren Schmerz um den Gott, der noch aussteht.

Kann man noch an ein Ganzes glauben, nachdem die Welt auseinandergefallen ist, war unsere Frage. Folgendes Gebet stammt von einem unbekannten Juden aus einem Konzentrationslager:

»Friede sei den Menschen, die bösen Willens sind, und ein Ende sei gesetzt aller Rache ... Aller Maßstäbe spotten die Greueltaten, und der Blutzeugen sind gar zu viele ... Darum, o Gott, wäge nicht mit der Waage der Gerechtigkeit ihre Leiden, daß du sie ihren Henkern zurechnest und von ihnen grauenvolle Rechenschaft forderst.

... Schreibe vielmehr den Henkern und Angebern und Verrätern und allen schlechten Menschen zugut und rechne ihnen an: all den Mut und die Seelenkraft der anderen ... ihre hochgesinnte Würde ... die Hoffnung, die sich nicht besiegt gab, und das tapfere Lächeln, das die Tränen versiegen ließ, und alle Liebe und alle Opfer ... All das, o mein Gott, soll zählen vor dir für eine Vergebung der Schuld, als Lösegeld, zählen für eine Auferstehung der Gerechtigkeit – all das Gute soll zählen, und nicht das Böse. Und für die Erinnerung unserer Feinde sollen wir nicht mehr ihre Opfer sein, nicht mehr ihr Alptraum und ihr Gespensterschreck.«

Kann man nach Auschwitz den Namen Gottes nennen? Das Opfer *in* Auschwitz nennt seinen Namen. Der Beter gibt sich nicht auf. Er gibt niemanden auf, nicht einmal seine Henker. Ich will ja gar nicht sagen, daß man nach Auschwitz noch glauben kann. Ich sehe nur, daß das Opfer *in* Auschwitz es tut. Und dann frage ich mich, ob die Behauptung, man könne nach Auschwitz nicht mehr von Gott sprechen, nicht eine zu theoretische Behauptung ist, eine Behauptung am Schreibtisch. Wenn uns die Wunden der Welt noch mehr schmerzten, dann würden wir die Theorie vergessen, weil wir das Brot des Namens Gottes brauchen.

Wie sprechen wir, die der Zweifel verstört und gereinigt hat, von Gott? Ich möchte eine kleine Geschichte aus der klösterlichen Tradition erzählen. Zu einem der alten Mönche kam einmal ein Bruder und klagte ihm, er könne nicht mehr glauben und beten. Er bat darum, vom Gottesdienst befreit zu werden, weil sein Herz starr und seine Gebete eine Lüge seien. Der alte Mönch sagte ihm: »Wenn du schon nicht beten kannst, dann gehe hin und schaue zu, wie deine Brüder beten.« Die Antwort war weise. Der Jüngere wurde nicht gezwungen, wozu er nicht fähig war. Es wurde ihm keine Lüge diktiert. Aber er wurde auch nicht bei seiner Unfähigkeit belassen. Es wurde ihm nicht erlaubt, seine eigene Unfähigkeit als die einzige Wahrheit des Lebens zu begreifen. »Gehe hin und schaue zu, wie deine Brüder beten!« Auch das ist ein Stück der Wahrheit: Die Geschwister können schon, was wir erst versuchen oder wozu wir noch gar nicht in der Lage sind. Das Gebet dringt zu dem jungen Mönch mit der fremden Stimme seiner Brüder. Vielleicht können wir anfangen, Gott zu nennen mit fremder Zunge; mit den Formeln, die unsere Toten und unsere lebenden Geschwister in ihrer

Sehnsucht nach dem Leben gefunden haben. Wahr ist nicht nur, was aus der Tiefe unseres eigenen Herzens steigt, sondern auch das, was von außen in das unfähige oder erst halbfähige Herz fällt. Wie könnte ich so dreist sein, meine Sprachlosigkeit als die einzige Wahrheit zu nehmen! Es zwingt mich ja keiner, meine eigene Wahrheit aufzugeben. Aber damit meine Hoffnung nicht zu gering bleibt, muß ich sie mit der Wahrheit meiner Geschwister vergleichen, mit der Wahrheit der Beter. Und vielleicht wird dann meine eigene Wahrheit von der Kraft der Geschwister erweitert. Leicht wird es mir, den Namen Gottes zu nennen, wenn ich mich erinnere, womit in der Geschichte die vielen kleinen und vom Leben geplagten Leute diesen Namen verbunden haben. Meine Mutter hat das Brot gesegnet, ehe sie es anschnitt, weil das Brot nicht selbstverständlich war. Die alte Frau, die ich am Anfang erwähnte, hat den Namen Gottes gegen das Kriegsschiff angerufen, weil der Friede bedroht ist. Der Beter aus dem KZ hat diesen Namen gegen sein eigenes rachehungriges Herz angerufen. Wer diesen Namen lernen will, der schaue nicht zuerst auf die Kirchen und die Theologen, die in unermüdlicher Geschwätzigkeit diesen Namen erklären und die in der Geschichte des Christentums wie Huren mit diesem Namen fast jedermann zur Verfügung standen! Der höre auf die Seufzer der kleinen Leute!

Vielleicht können wir, die es schwer haben, Gott zu nennen, eintreten in ihre Sprache und ihrer Leiden gedenken und damit unsere Leiden benennen. Mit diesen vom Leben Geplagten möchte ich sprechen: Gott wird die Tränen abwischen, die Hungrigen wird er satt machen, meine Schuld wird er mir vergeben, mein Leben ist in seiner Hand. Es gibt verschiedene Weisen, den Glauben und die Hoffnung zu lernen. Eine davon geht über die Sprache der anderen. Vielleicht brauchen wir gar nicht zuerst zu glauben. Wir könnten ja einmal probeweise in die Sprache der Seufzer eintreten, fast spielerisch wie in eine fremde Sprache. Und vielleicht wird diese Sprache dann zu unserer eigenen Heimat. Vielleicht ...

Die Chancen des Evangeliums*

Das erste Pfingstfest war der kurze Augenblick in der Geschichte der christlichen Kirchen, wo ihre Einheit möglich war, ohne daß die Wahrheit irgendeines Menschen verkauft werden mußte. Die ersten Jünger und Jüngerinnen waren zusammen, als das Feuer des Geistes sie überfiel, so heißt es in der Apostelgeschichte. Sie sprachen eine Sprache, die niemanden ausschloß, die auch von denen verstanden wurde, die aus der Fremde kamen. Es war die Zeit der »letzten Tage«, in der nicht nur die Alten etwas zu sagen hatten, auch die Jugend hatte ihren Traum. Eine Zeit, in der die Wahrheit nicht nur bei den Männern vermutet wurde, auch die Frauen hatten ihr Gesicht. Eine Zeit, die nicht die Zeit der Herren war, denn der Geist war über die Knechte und Mägde geflutet. Und schließlich war es eine Zeit – so endet das Pfingstkapitel bei Lukas –, in der die Gläubigen alles gemeinsam hatten, »und sie verkauften die Güter und die Habe und verteilten sie unter alle, je nachdem einer es nötig hatte«. Diesem Pfingstgeist war es nicht genug, seine Gemeinde in der bescheidenen Einheit einiger Glaubensformeln zusammenzuhalten. Keine Herrschaft des einen über den anderen, gemeinsamer Besitz und geteilte Träume, das war die Frucht des Geistes und das Versprechen dessen, den Gott nicht im Totenreich gelassen hat. Das war der große Konsens, wenn er auch nur für einen Augenblick möglich war oder wenn er gar nur in der Erzählung eines Träumers bestanden hat. Das war der Jugendtraum der Kirche. Vielleicht ist er kaum realisierbar, und trotzdem ist er wahr. Die Wahrheit selbst würde zerstört, wenn sie der Kategorie der Realisierbarkeit und Machbarkeit völlig unterworfen würde.

Was aber haben wir, die christlichen Kirchen in diesem Land und in unserer Zeit, von dem großen Konsens ge-

* Vortrag zum vierzigjährigen Jubiläum der Ev. Akademie Hofgeismar

erbt? Zuerst der Trost; wir haben diese Pfingstgeschichte geerbt. Sie steht in unseren Büchern, und bei aller Korruption wagen wir nicht, sie auszuradieren. Wenn wir diese letzte Auferstehungsgeschichte lesen, dann läßt uns Gott nicht allein, und der große Traum des Anfangs zerstört die Übereinstimmung mit uns selbst. Vielleicht lockt uns Gott mit der Anmut dieses Traumes weg von unserer eigenen Korruption und Verwesung. Vielleicht arbeitet diese Geschichte an der Bekehrung unserer Wünsche. Schön macht den Menschen nicht nur das, was er tut und wozu er endgültig in der Lage ist; schön machen ihn auch die würdigen Wünsche.

Was haben die Kirchen geerbt und worin sind sie der jungen Pfingstkirche ähnlich? Ist die Kirche der Raum ohne Herrschaft des einen über den anderen geblieben, des geteilten Besitzes und der geteilten Träume? Vielleicht ist der Vergleich ungerecht. Denn der Traum der jungen Kirche wurde von einer Handvoll Leute geträumt. Sie brauchte noch kein Recht, an dem viele schon erstickt sind. Sie war eine Gruppe in Distanz zum Staat und brauchte sich nicht als eine staatstragende Kraft zu geben. Sie war eine kleine Gruppe und konnte sich die Freiheit spontaner Regulierungen ihrer Konflikte und Probleme erlauben. Sie brauchte also kein Reglement und keine Ordnung, bei der oft nicht mehr erkennbar ist, wem sie dient und für wen sie erlassen ist. Sie war im sozialen Ansehen eine eher geringgeschätzte Gruppe. Sie brauchte die Spannung nicht auszuhalten, die es bedeutet, wenn der Hafenarbeiter in Hamburg in einer Kirche ist mit dem Großverleger in Berlin, der mit dem Druck seiner Kirchensteuer die Richtung der Politik und vielleicht sogar der Theologie bestimmen kann. Die Pfingstkirche war eine Kirche von unten. Sie konnte in größerer Freiheit die Hauptfragen des Evangeliums stellen: Wer wird geschlagen, und wer schlägt? Wer weint, und wer macht weinen? Wer hungert, und wer läßt verhungern? Diese Kirche von unten war in ganz anderer Weise dazu fähig, die Adressaten und die Gegner des Evangeliums zu sehen, die Opfer und die Henker. Das Evangelium war dort nicht eine allgemeine und für jeden in gleicher Weise zugängliche Sinngebung des Lebens. Ihr Gott war nicht ein Gott des allgemeinen Sinnes, sondern ein Gott der Armen. Diese Kirche wußte, sein Sohn ist nicht gesandt, das Leben zu wattieren und das Dasein zu erhellen, sondern »den Armen frohe Botschaft zu bringen, den Gefangenen Befreiung zu verkündigen und den Blinden das Augenlicht« (Lukas 4,18). Kurz: Die junge Pfingstkirche war eine Minderheit mit einer radikalen Perspektive. *Wir* sind eine Volkskirche. Und damit müssen wir rechnen!

Das Evangelium Jesu Christi ist in dieser Volkskirche nicht konsensfähig. Über die Wahrheit des Satzes »Eher geht ein Kamel durch ein Nadelöhr als ein Reicher in das Himmelreich« (Matthäus 19,24) hat man selten eine Einigung herstellen können, man kann es sicher nicht in der Volkskirche unseres Landes. Und so liegen zwei wichtige Interessen miteinander im Konflikt: das Interesse an der Wahrheit des Evangeliums und das Interesse an der Einheit der Gemeinde. Denn das Evangelium vereint nicht nur, es trennt auch. Der Satz vom Kamel und dem Nadelöhr ist eine solche trennende Wahrheit. Welche Wege können wir denn gehen in diesem Konflikt zwischen der Einheit und der Wahrheit? Daß das Evangelium nicht konsensfähig ist, soll ja kein ontologischer Satz sein, sondern die Feststellung unserer Lage.

Der erste gefährliche Weg scheint mir der zu sein, die Wahrheit der Einheit zu opfern. Es ist die amtskirchliche Gefahr. Wahr erscheint, was konsensfähig ist in den Synoden und in Gemeinden. Streit und Auseinandersetzungen werden von vornherein als Unwerte erklärt, die Einheit und Harmonie ohne weitere Fragen zu fast absoluten Werten erhoben. Ich nehme eines der vielen Beispiele aus der evangelischen Kirche: Eine Pfarrerin hält am Volkstrauertag die übliche Gedenkfeier nicht am Kriegerdenkmal, sondern an einer Stelle außerhalb ihres Dorfes, wo in den letzten Kriegstagen russische Kriegsgefangene aufgehängt wurden. Sie tut dies im Einverständnis mit ihrem

Presbyterium. Darauf erhebt sich der Volkszorn. Eine Gruppe in der Gemeinde wendet sich an den zuständigen Bischof. Die Pfarrerin, die doch für den Frieden bestellt sei, habe nur Unfrieden gepredigt und Zwietracht in die Gemeinde gebracht. Die Gruppe verlangt ihre Ablösung, »damit die völlige Verunsicherung ein Ende nimmt und wieder Ruhe und Frieden in unser bisher so harmonisches Dorf einzieht«. Die Kirchenleitung gibt diesem Ansinnen zwar nicht nach, sie wirkt ausgesprochen mäßigend nach allen Seiten. Sie nimmt zur Sache selbst nicht Stellung; das heißt, die Frage nach der Wahrheit bleibt außer acht. Ihr Interesse ist das der Versöhnung und der gedeihlichen Zusammenarbeit. In diesem Sinn wird die Pfarrerin zur Zurückhaltung verpflichtet. Die Frage nach der Wahrheit der Opfer wiegt weniger schwer als die Frage nach der Harmonie in der Gemeinde. Gewiß will ich nicht verkennen, wie Bischöfe zerrissen werden in solchen sich häufenden Konflikten; und gewiß ist die Frage nach dem Frieden in der Gemeinde wichtig. Aber es kann sich der nicht auf das Evangelium berufen, der den Streit mehr fürchtet als den Verrat der Wahrheit. Denn nicht der Konsens macht uns frei, sondern die Wahrheit.

War in der Spannung zwischen Wahrheit und Einheit der erste gefährliche Weg, den in der Volkskirche notwendigen Konflikt des Konsens wegen zu verschweigen und zu umgehen, so ist eine andere Gefahr, diesen Konflikt lösen zu wollen, indem wir dieser Kirche eine Eindeutigkeit aufzwingen, die sie als Volkskirche nicht haben kann. Ich beschreibe dies in einer Szene, die nicht erfunden ist. Ein Student und eine Studentin werden getraut. Der Gottesdienst ist ungewöhnlich, da nicht der Pfarrer predigt, sondern vor der sehr bürgerlichen Hochzeitsgemeinde redet zunächst der Student in großer Radikalität und Ehrlichkeit über Aufrüstung und Kriegsgefahr und unsere Beteiligung daran. Die Studentin hält eine zweite Predigt über die ökologische Bedrohung und über die gefährdete Zukunft für das Kind, das sie erwartet. Der Pfarrer faßt dies in großer Schärfe noch einmal in einem langen Gebet zusammen. In der recht zahlreichen Gemeinde entstehen immer stärkerer Unmut und Unruhe und schließlich kaum noch unterdrückte Wut. Am Ende des Gottesdienstes flüstert mir der Pfarrer vergnügt zu: »Das gibt einen schönen Krach!« Mir erging es in diesem Gottesdienst merkwürdig. Ich konnte fast jeden Satz unterschreiben, und ich empfand ihn doch als gemeindefeindlich. Es war dies nicht nur das didaktische Ungeschick von jungen Leuten. Ich hatte vielmehr den Eindruck, daß hier zufällig zwei Kirchen zusammengekommen sind: die Kirche der Reinen und die Kirche der Vermischten. Die Predigten und das Gebet hatten nichts Gewinnendes und nichts Werbendes. Es war so, als hätte die Kirche der Reinen in einem tiefen Sinn kein Interesse an Verkündigung und Überzeugung. Es war immer schon das Problem der Propheten, daß sie so mit ihrer Wahrheit umgingen, daß sie für andere nur schwer verstehbar war, und manchmal waren sie darauf auch noch stolz. Die Höhe des Konflikts wird dann schon zum Zeichen der Wahrheit und der eigenen Berechtigung. »Das gibt einen schönen Krach!« sagte der Pfarrer und redete sich damit selber ein, daß er alles richtig gemacht habe. Wer in der Volkskirche bleiben will, kann nicht so tun, als sei er schon in der wahren Kirche angekommen. Vielleicht brauchen die Gruppen in der Kirche, die die Wahrheit des Evangeliums tiefer erkannt haben, das jesuanische Mitleid mit dem Volk, auch mit den Kirchenleitungen. Sie sind nicht so wichtig, daß man sie ständig dämonisieren müßte. Die Wahrheit des Evangeliums ist nicht zu unserem eigenen Schmuck da, sondern dazu, daß wir ihr dienen und sie so weitersagen, daß sie als Brot von vielen gegessen werden kann.

Dies ist keine Aufforderung zur Mäßigung und zur Selbstverundeutlichung an die kritischen Gruppen innerhalb der Kirchen. Die Volkskirche ist keine eindeutige Kirche. Aber sie könnte so eindeutig sein, daß sie ihre Propheten nicht abwürgt oder sie erst nach 45 Jahren selig spricht, wenn damit keine Gefahr mehr verbunden ist.

Die prophetischen Zeichen in unserer Kirche haben zugenommen in den letzten Jahren. Ich denke an Mutlangen und Wackersdorf, an die Aktion der Rüstungssteuerverweigerung, an die regelmäßigen Mahnblockaden in Brockdorf. Ich denke vor allem an den wachsenden und mutigen, bei uns leider totgeschwiegenen Protest der Christen in den USA. Wie aber kann eine wenig eindeutige Volkskirche mit diesen eindeutigeren Gruppen umgehen?

Folgendes ist auch von einer vermischten Kirche nicht zuviel verlangt: Wir könnten neu lernen, daß die Aufkündigung der Loyalität dem Gegenwärtigen gegenüber, daß die Verdächtigung des herrschenden Geistes, daß die Verweigerung des Segens für die herrschenden Zustände und Meinungen eine Grundkategorie des Evangeliums ist. »Macht euch nicht gleichförmig der Gestalt dieser Welt!« (Römer 12,2).

Man bleibt auf zwei Wegen mit sich identisch und sich selber treu. Der eine Weg ist die Kontinuität, der andere der Bruch. Vielleicht ist es Aufgabe des kirchlichen Amtes, die Kontinuität zu wahren. Aber es gibt eine andere, ebenso wichtige Aufgabe: zu brechen, sich zu verändern, sich zu bekehren, sich zu sich selbst und zu den herrschenden Traditionen in Distanz zu bringen. Das ist nicht das Charisma des Amtes. Aber Amt und Gemeinden müßten dieses zumindest als unerläßliches Charisma in der Kirche anerkennen und herbeiwünschen, wenn die Kirche nicht an ihrer Selbstwiederholung und Selbstverholzung ersticken soll. Die Kirche ist nicht die Verdoppelung des gegenwärtigen Geistes. Dazu braucht uns keiner. Die Kirche ist ein Zeichen des Widerspruchs. Selbst wenn die Kirche als ganze nicht bereit und nicht fähig ist, das prophetische Amt des Widerspruchs zu wahren, so müßte sie, wenn sie ihre eigene Tradition ernst nimmt, den Widersprechenden und den Widerstehenden mit einer positiven Vermutung gegenübertreten und sie nicht von vorneherein wegen der Loyalitätsaufkündigung diskriminieren.

Ich kenne einen Pfarrer, der an der Blockade in Bitburg teilgenommen hat. Er wurde verurteilt, und zwar härter verurteilt als seine Mitblockierer, weil das Gericht eine besondere Verwerflichkeit darin sah, daß er als Pfarrer das Gesetz gebrochen habe. Nach der Verurteilung bekam er automatisch ein Disziplinarverfahren in seiner Kirche. Das heißt, die juristische Unauffälligkeit steht immer unter positiver Vermutung. Der Bruch und die Verweigerung stehen, wenn sie nicht gerade im Ostblock geschehen, unter der Vermutung der Amtspflichtverletzung und des Verrats am Evangelium. Ich verlange nicht, daß alle Bischöfe vor dem Zaun in Mutlangen sitzen. Aber verlangen können wir in dieser Kirche zumindest die positive Vermutung, daß die, die den Weg des Widerstands gehen, ein evangelisches Charisma erfüllen. Eine Vision mittlerer Reichweite!

Wenn wir also weder äußerlich noch innerlich aus der Volkskirche ausziehen wollen und wenn wir die Wahrheit des Evangeliums nicht verraten wollen in volkskirchlicher Beschwichtigung, dann haben wir als einzigen den Weg des geschwisterlichen Streits. Ich lebe in der nordelbischen Kirche, die in den letzten Jahren mit ihren Auseinandersetzungen unter den verschiedenen Gruppen fast nicht mehr zusammenzuhalten war. Dies ist schwer, aber es ist die Situation, die dem Evangelium in der Volkskirche am meisten entspricht. Die Wahrheit ist in unserer Kirche unter einem Schleier, zum Glück nicht ganz verborgen, aber auch nicht offenbar. Der Streit der Geschwister wird sie an den Tag bringen. Ich sage also nicht in zynischem Verzicht auf die Erkennbarkeit der Wahrheit, daß jede Gruppe in dieser Kirche recht hat. Aber ich sage, daß in dieser wenig deutlichen Situation das Evangelium nur in der Auseinandersetzung deutlich werden kann. Wir wollen ja keinen Papst, der uns die Wahrheit diktiert. Man kann in dieser Kirche nicht leben und arbeiten, wenn man nicht zu einer tiefen Liberalität bereit ist. Diese Liberalität heißt nicht resignierter Verzicht auf die Wahrheit, sondern die Bereitschaft zu ihrer dialogischen Eroberung. Und diese Liberalität schließt den Streit nicht aus, sondern fordert ihn.

Wenn der Streit nicht vermeidbar ist und wenn er in der Volkskirche das mühevolle Mittel ist, der Wahrheit zu dienen, dann müssen wir uns in der Mitte des Streites – nicht vorher und nicht nachher – die Frage nach der Möglichkeit von Konziliarität und Versöhnung stellen. Denn wir wollen ja die Einheit der Kirche und die Versöhnung mit unseren Geschwistern. Und wer den Konsens verläßt, muß sich geradezu in Eselsgeduld erklären, auch wenn er ihn der Wahrheit wegen verläßt. Zunächst müßten wir alle bereit sein, auf die Ananias-und-Saphira-Lösung zu verzichten, nämlich die tot umfallen zu lassen, die unrein sind und sich kompromittieren. Der Wunsch nach dieser Lösung steckt tief in uns. Die Raschheit, mit der sich Gruppen das Christentum und das Lebensrecht in dieser Kirche absprechen, ist wirklich kein Zeichen geistiger Erwachsenheit. Exkommunikationsfreudigkeit gibt es nicht nur von oben. Wir als Mitglieder dieser deutschen Kirchen und dieser »Ersten Welt« sind alle miteinander korrupt genug, daß wir es lange miteinander aushalten können. Das Leiden aneinander kann man nicht mit dem Mittel der Exkommunikation umgehen.

Welche Rolle spielen die Evangelischen Akademien bei der Ermittlung der Wahrheit des Evangeliums? Bei meinen bisherigen Ausführungen tauchten drei Partner im Streit um die evangelische Wahrheit auf: die Mitglieder unserer realen und sehr gemischten Kirchengemeinden, die kirchenleitenden Institutionen und freie, am ideologischen Rand der Kirche sich bewegende einzelne oder Gruppen, die eine radikalere Vorstellung vom Evangelium haben, als sie in der Volkskirche üblich ist. Mein Plädoyer ging dahin, daß die Kirche diese »Geschwister des freien Geistes« nicht nur nicht ausschließt oder sie nur mühsam erträgt, sondern daß sie diesen einzelnen oder Gruppen mit der positiven Vermutung begegnet, daß sie ein Charisma des Evangeliums verwirklichen. Meine Frage ist nun, ob die radikale Vision des Evangeliums nicht auch einen *Ort* haben muß, also nicht nur Menschen – einzelne und Gruppen –, die sie in freier und eigener Verantwortung weitertragen. Einer Sache ist mehr gedient, wenn sie eine Institution hat, die nicht allein aus dem guten Willen und der Fähigkeit des einzelnen besteht. Man könnte eine Institution definieren als einen Ort, der nicht steht und fällt mit der Kraft des einzelnen; einen Ort, an dem die Sache nicht zuschanden geht, wenn der einzelne versagt oder müde wird. Eine Institution hat eine Struktur und eine Geschichte, es sind also Vorgaben für die Arbeit ihrer Mitglieder da. Vorgaben, das wissen wir, die dem Geist der Sache ungemein schaden können; Vorgaben aber auch, die eine Sache unabhängig machen, zumindest nicht völlig abhängig sein lassen von dem Vermögen eines einzelnen. Gibt es also in der Kirche einen Ort für den radikaleren Geist und für die Parteilichkeit des Evangeliums? Könnte die Evangelische Akademie nicht die Institution der schärferen Frage nach der Gerechtigkeit sein? Könnte sie eine Einrichtung sein, bei der es *Tradition* ist, nach Rassismus zu fragen, nach ökonomischer Unterdrückung, nach der Verletzung der Menschenrechte, nach Krieg und Kriegsrüstung? Natürlich sollten dies nicht die einzigen Fragen sein, und es sollte nicht die einzige Stelle sein, an der diese Fragen gestellt werden. Die Akademien sind keine Friedensforschungsinstitute, und sie entwickeln keine Antirassismusprogramme. Es sollten nur alle darauf gefaßt sein, daß diese Fragen an diesem Ort gestellt werden, und keiner sollte deswegen überrascht sein. Darin könnten die Akademien schon ein Stück Gewissen der Kirchen sein. Die Moral der Kirche sollte an diesem Ort ein besonderes Forum haben. Nicht also, weil dort besonders moralische Leute wohnen und arbeiten, sondern weil die Gesamtkirche diesem Ort die evangelische Parteilichkeit in besonderer Weise zubilligt und weil sie somit dort ihre Tradition gewinnen kann. Man müßte sich also daran gewöhnen, daß die Akademien einseitig sind, in der Sprache der Befreiungstheologie ausgedrückt: daß sie in ihrer Arbeit der vorrangigen Option für die Armen einen Platz einräumen. So neu ist diese Forderung ja nicht, und die advokatorische Funktion war immer schon ein Moment des Selbstverständnisses der Akademien. Ich wünsche nur, man ließe den Akademien diese Aufgabe als eine Selbstverständlichkeit und sie stünde von den Erwartungen der anderen Institutionen in der Kirche und von den Mitgliedern unserer Kirchen her nicht ständig zur Debatte. Ich wünsche, man ließe den Akademien die Ruhe und den Atem zur Unruhe.

Ich möchte eine andere Funktion nennen, von der ich vermute, daß sie in den Akademien ihren besonderen Ort haben könnte: die Akademie als Ort des Experiments.

Ich habe anfangs gesagt, daß man auf zwei Weisen zu sich selbst kommt, auf dem Weg der Kontinuität und auf dem Weg des Bruchs. In allen religiösen Ursprungssituationen spielt die Durchbrechung sicher eine ebensogroße Rolle wie die Bewahrung: der Bruch mit der Herkunft, mit der Lebensgewohnheit, Bruch mit den Denkmustern, die die Umgebung als zwingend auferlegt, Bruch auch mit der Figur, in der man den Glauben gelernt hat. Alle religiösen Ursprungsbewegungen sind dekompositorisch; sind Einschmelzungen der überkommenen Sätze, Gesten und Ordnungen der überlieferten Religion. Die religiöse und die weltliche Freiheitsgeschichte ist mit Bildersturm und Dekomposition verbunden.

Im Gegensatz dazu gibt es eine Art von Religion, in der jeder Bruch und jede Veränderung, jede neue Frage und jede andere Figur des Glaubens als die ererbte große Chaosängste hervorrufen. Der Sinn und die innere Gewißheit des Glaubens sind hier durch die äußere Figur der Religion garantiert, wenn nicht gar ersetzt, und jede Veränderung an der Figur – an der Gottesdienstordnung, an der Sprache, an den Gesten der Religion – läßt den Sinn des Ganzen zweifelhaft werden. Mit solchen Ängsten haben wir es oft in unseren Gemeinden zu tun. Religion ist zumindest ebensosehr ein Nährboden von Neurosen, wie sie ein Ort der Befreiung des Menschen ist. Und vertrackterweise (vielleicht auch glücklicherweise) ist sie oft beides zugleich.

Von dieser neurotischen Religion, in der Figur und Sinn völlig zusammenfallen und die sich in der reinen Wiederholung erschöpft, ist zu unterscheiden der erlaubte Wunsch nach Kontinuität, nach Ruhe, nach Trost in der Wiederholung der Geste, des Gedankens und der Sprache. Den Gestus, den Gedanken, das Gebet, die uns schon einmal getröstet und ermuntert haben, in der Wiederholung wiedererkennen, das ist eine wichtige Weise der Lebensvergewisserung. Ich denke mir, daß vor allem der Gottesdienst ein solcher Ort der Anknüpfung sein sollte.

Man kann nicht allen Orten alles, was zu tun ist, in gleicher Weise und zur gleichen Zeit aufbürden. Die Predigt im Gottesdienst ist an erster Stelle Zusage und Vergewisserung und Einführung in die Lebensbilder des Evangeliums, nicht an erster Stelle Lehre oder moralische Zurüstung. Der Gottesdienst ist an erster Stelle die Formulierung der Gemeinde mit ihrem Glück und Unglück im Angesicht Gottes. Er ist nicht politische Aufklärung, so wahr es selbstverständlich ist, daß jeder theologische Satz auch ein politischer Satz ist und daß jede Glaubensaussage und Glaubensbekundung auch ein ethischer Satz ist. Ich plädiere also für eine charismatische Verteilung der Aufgaben innerhalb der Kirche und ihrer Orte.

Und so könnte die Evangelische Akademie anders als die übliche Gemeinde der Ort des Neuen sein, des Experiments, des ungewohnten Gedankens, der noch keine Legitimation aus der Tradition hat; ein Ort der Dekomposition und des Bruches eher als der Ort der Bewahrung und der Kontinuität. Wir leben nicht mehr, um einen Begriff von Margaret Mead zu verwenden, in einer postfigurativen Kultur, also in einer Kultur, in der die Menschen primär von ihren Vorfahren und aus den Traditionen lernen. Die Kontinuität der Geschichte ist gebrochen, und Identitäten entstehen nicht mehr hauptsächlich durch die Übernahme von vorliegenden Identitätsmustern. Wir sind geradezu unerträgliche Herren unser selbst geworden, Menschen, die kaum Lehrer und Lehrerinnen haben, Menschen, die schwache Mütter haben und Väter, »die keine Spuren hinterlassen haben« (A. Mitscherlich). Sich experimentell verhalten zu können, das ist sicher ebenso wichtig geworden, wie sich imitativ und gehorsam verhalten zu können. Auch das Experiment muß einen besonderen Ort haben. Wir brauchen in unseren Kirchen Orte, bei denen wir ungefähr wissen, was kommt – ein solcher Ort ist zum Beispiel der Gottesdienst. Und wir brauchen ebenso nötig Orte, bei denen wir nicht wissen, was kommt; bei denen wir nicht wissen, was herauskommt, wenn wir unseren Glauben bedenken; wenn wir unsere Weise zu leben bedenken; wenn wir unsere Moralvorstellungen neu bedenken. Abstrakt stimmen vielleicht diesem Gedanken alle zu und haben wir gegen das notwendige Neue nicht viel einzuwenden, wenn die neue Wahrheit ausgewogen, ohne Übertreibung, schon endgültig und überzeugend formuliert, sozusagen frisch gewaschen daherkommt. Aber die neuen Gedanken und die neuen Wahrheiten erscheinen ja meistens zuerst als illegitime pubertäre Schmuddelkinder. Ausgewogenheit ist etwas, was wir von einer Idee und einer Wahrheit am Ende vielleicht verlangen dürfen, wenn diese Idee lange bedacht und bearbeitet ist. Die Akademien könnten der Ort sein, an dem neue und ungewohnte Wahrheiten verbreitet werden; damit wären sie übrigens auch in besonderer Weise Orte des Irrens und des Streites.

Die Evangelischen Akademien als Orte der Parteilichkeit und des Experiments, dahin gingen meine Überlegungen bisher. Ich füge ein anderes hinzu: Die Akademien sind der Ort der Bilder und der Geschichten vom möglichen Leben. Was unterscheidet eigentlich eine Evangelische Akademie von einer Gewerkschaftsakademie, von der Volkshochschule oder von den Bildungshäusern der Parteien? Die Themen sind weithin die gleichen, ebenso die Art der Behandlung. Ich stelle die Frage nach der Unterscheidung nicht mit dem kranken Bewußtsein dessen, der glaubt, nur ein Lebensrecht zu haben, wenn er sich irgendwo unterscheidet und besser ist und mehr hat als die anderen. Ich frage vielmehr: Was sind wir als Kirche und als kirchliche Bildungseinrichtung uns selbst und der Gesellschaft schuldig? Und meine Antwort ist: Schuldig sind wir die Geschichten und die Bilder, die wir haben.

Unsere Aufgabe ist die Erinnerung und die Berufung auf die Geschichten vom gelungenen Leben. Moral, Ethos und die Würde des Lebens sind, wie wir sehen, nicht selbstverständlich und durch sich selbst legitimiert. Sie brauchen Zeugen. Es ist nicht selbstverständlich, daß niemand Angehörige einer anderen Rasse unterdrücken soll. Es ist nicht selbstverständlich, daß es keinen Krieg geben soll. Es ist nicht selbstverständlich, daß wir die Züchtung des Lebens zu unserem eigenen Profit und aus unseren eigenen Interessen unterlassen sollen. Woher aber erfahren wir, daß es richtiger ist, das Leben zu schützen, statt es zu benutzen, wenn nicht aus den Geschichten, die unsere Tradition aufbewahrt.

Ich habe die Angewohnheit, in meine religionspädagogischen Seminare gelegentlich einen nicht-christlichen Kollegen einzuladen, vor dem die Studierenden ihren Religionsunterricht in der Schule erklären und rechtfertigen sollen. Ich erinnere mich an einen solchen Fall, in dem die Studenten die Ziele ihres Religionsunterrichts darstellten: Wir wollen damit einen Freiraum in der Schule schaffen! Wir wollen politisches Bewußtsein schaffen! Wir wollen Lebensprobleme der Schüler zu lösen helfen! Auf jedes der vorgetragenen Ziele antwortete der Kollege mit: Das will ich auch!

Die Studenten erklärten, daß sie ja eigentlich gar nichts anderes wollten als dieser bei ihnen geschätzte Lehrer, und sie waren glücklich über diese Übereinstimmung. Er aber sagte fast traurig: Wozu brauche ich euch, wenn ihr nichts anderes wollt und tut als ich selber? Wir haben kein Recht, das Brot, das wir selbst essen, anderen vorzuenthalten. Wir haben kein Recht, den Trost und die Schönheit der Geschichten unserer Tradition, an denen wir uns selbst erfreuen, vor anderen zu verbergen. Es gibt eine liberale, vielleicht auch linke Version des strapaziösen protestantischen Sündenbewußtseins. Sie heißt: Wir als Christen haben nichts Besonderes, wir haben eine unbeschreibliche Zerstörungsgeschichte auf unserem Gewissen, mit unseren Traditionen haben wir so viel angerichtet, daß wir sie eigentlich nicht mehr gebrauchen dürfen, die anderen sind besser, aktiver, ehrlicher, und wir selber springen immer nur auf schon fahrende Züge. Und sie bestrafen sich dann durch Selbstaushungerung. Sie verschweigen sich den Grund der Hoffnung und die Geschichten der Ermutigung. Sie verschweigen sich Gott und die Erzählungen der eigenen Herkunft. Leider hungern sie sich damit nicht nur selbst aus, sondern auch alle die, denen sie die Geschichten vorenthalten.

Viele von uns glauben, die Theologie, unsere Tradition, die Gottesdienste – all das seien zu große Umwege in einer Zeit, die doch brennt und die sofort alle Hände zum Löschen braucht. Ich glaube, daß wir immer weniger Zeit haben, uns diese Umwege zu ersparen. Das Leben ist so bedroht, daß wir mehr als unsere eigene Phantasie und Kräfte brauchen zum Zeugnis gegen den Tod. Es wird Zeit, daß wir stolz werden auf die Sprache der Freiheit, und es wird Zeit, daß wir sie sprechen.

Ich komme zum Ende, und ich möchte der evangelischen Bildungsarbeit empfehlen, eine Frage neu zu lernen: Was sollen wir *nicht* tun? Ich habe eben gesagt, es gibt eine Konturlosigkeit und eine Selbstverundeutlichung, die darin besteht, daß man sich nicht mehr auf die Geschichten der eigenen Herkunft bezieht. Es gibt auch eine Verundeutlichung in der Pflege der Beliebigkeit der Themen und Vorhaben. Es muß nicht alles Thema unserer Bildungsarbeit werden, was gerade dran und gefragt ist. Die Zufälligkeit des vom Augenblick Befohlenen soll nicht die Figur unserer Arbeit unkenntlich machen.

Nicht nur den Evangelischen Akademien und der gesamten Bildungsarbeit, auch der Kirche in allen ihren Äußerungen wünsche ich ein Stück Strenge und Unbestechlichkeit, daß sie nicht »Entertainment« zum geheimen Ziel ihrer Arbeiten macht und daß sie ihre Rechtfertigung nicht aus der Attraktivität nimmt, die sie für andere bedeutet. Es ist schwer, einen Maßstab zu nennen, der Themen ausschließt oder sie als geboten erklärt. Ich wünsche der Akademie, daß ihre Themen immer zu tun haben mit Befreiung, mit Trost und mit Schönheit.

Ökumene von unten

Folgende Geschichte habe ich mit einem etwa vierjährigen Kind erlebt. Seine Eltern hatten einen schwarzen Freund zu Besuch. Er unterhielt sich mit dem Kind und fragte es schließlich, ob er mit seiner Puppe spielen dürfe. Das Kind, bisher sehr freundlich zu dem Schwarzen, antwortete unerwartet: »Nein, das kannst du nicht. Du hast schwarze Hände.« Was meinte das Kind mit dieser Antwort? Die Eltern waren keine Rassisten, und das Kind hatte bisher vertraut mit dem Schwarzen gespielt. Ich erkläre es mir so: Das Kind war in einem Alter, in dem es durch Abgrenzung von anderen bestimmte, wer es ist. Ich bin nicht du, und du bist nicht ich! – das ist eine erste und vorläufige Form der Selbstentdeckung. Das Kind erkennt: Er ist schwarz, ich bin weiß. Dies ist eine Selbstbestimmung durch Trennung von anderen. Wenn das Kind älter geworden ist und in seiner Entwicklung nicht gestört wird, dann wird es andere und reifere Weisen finden, sich selbst zu erkennen und zu benennen.

Nun hat man bei den christlichen Konfessionen und bei deren Kirchenleitungen oft den Eindruck, sie seien auf der Entwicklungsstufe jenes Kindes stehengeblieben. Sie lassen sich gegenseitig nicht mit ihren Puppen spielen, weil sie sich hauptsächlich daher bestimmen, was sie trennt. »Du bist ein anderer, also bete nicht mit mir, nimm nicht mein Abendmahl, heirate niemanden aus meiner Konfession!« Ich nenne dafür folgendes Beispiel: In einem schwäbischen Dorf feierten Protestanten und Katholiken seit vielen Jahren den Heiligen Abend mit einem gemeinsamen Gottesdienst und mit einem ökumenischen Mahl. Argwöhnisch beobachtete der Bischof von Rottenburg diesen kleinen, von der Kirchenleitung nicht genehmigten Grenzverkehr. Dann aber wurde die Grenze geschlossen. Ein Domkapitular erklärte der Gemeinde, Reformen dürften nicht von unten kommen und diese Gottesdienste bedeuteten eigentlich eine Anerkennung des evangelischen Pfarramtes.

Worin sind die Katholiken und die Orthodoxen, die Quäker und die Lutheraner, die Anglikaner und die Reformierten denn wirklich getrennt? Natürlich haben sie alle eine unterschiedliche Herkunft, berufen sich auf unterschiedliche Traditionen und sprechen daher eine verschiedene Sprache des Glaubens. Aber die Verschiedenheit in der Formulierung heißt ja noch nicht, daß sie wirklich im Glauben getrennt sind. Nur Wortfetischisten könnten das behaupten. Die Sprache des Glaubens ist, sofern sie im Ernst gesprochen wird, immer auch Lokalsprache, sie ist Dialekt, geprägt von den Fragen, auf die eine solche Sprache antwortet, geprägt von den Erfahrungen und Hoffnungen der Menschen, die sie sprechen. Man kann den Glauben nicht in Esperanto haben, in einer allgemeinen Hochsprache, die an allen Orten und zu allen Zeiten in gleicher Weise gilt. Die Verschiedenheit der Sprache ist ein erstes Zeichen ihrer christlichen Lebendigkeit. Jeder, der seinen Glauben aus wahrem Herzen ausspricht, der verdeutscht ihn: Er macht ihn zu seiner Muttersprache, indem er ihn zu sprechen versucht nicht gegen alle Ängste, sondern gegen seine bestimmten Ängste, er macht ihn zu seiner Muttersprache, indem er ihn verbindet mit seinen Lebensbedrohungen, Lebenswünschen und Hoffnungen. Der Kampf der verschiedenen reformatorischen Gruppen um das Recht, die Bibel in der Muttersprache zu lesen oder die Liturgie in der eigenen Sprache zu beten, hat mit diesem Wunsch nach Aneignung, Beheimatung und Lokalisierung des Glaubens zu tun. Die Sprache des Glaubens verträgt keinen Zentralismus und keinen Universalismus.

Aber ist dies nicht der prinzipielle Verzicht auf die Einheit im Glauben und eine Verzweiflung an der Erkennbarkeit von Wahrheit? Ich glaube, es gibt einige wenige christliche Sätze, die überall verstanden werden. Solche Sätze sind etwa: Gott ist die Liebe. Wer er ist, zeigt sich in

Jesus Christus. Er hat uns zur Freiheit und Schönheit berufen. Er liebt die Gerechtigkeit und ist ein Freund der Armen. Er verspricht, daß unser Leben nicht verkommt. Mit diesen Sätzen könnte ich mich durchschlagen – bei den Katholiken, den Lutheranern, den Reformierten. Mit diesen Sätzen könnte ich noch etwas anderes: Ich könnte falsche Sätze vor das Gericht dieser Sätze zitieren. Die Wahrheit bleibt also erkennbar, und richtig und falsch bleiben unterscheidbar. Es gibt aber viele Variationen dieser Grund-Sätze, die nicht meine Variationen zu sein brauchen und die ich nicht für falsch erklären muß, nur weil sie nicht meine Variationen sind. Wir haben nur darauf zu achten, daß das Thema in den Variationen nicht verlorengeht. Wir haben eigentlich keine Zeit mehr, uns zu erschöpfen im Aufspüren und im Konstatieren der Trennungen, die noch bestehen. Die Christen würden reicher und erwachsener, wenn sie sich nicht von den Grenzen her bestimmten, sondern über die Grenzen hinweg zunächst einmal die Mitglieder der anderen Konfessionen als Geschwister im Glauben und in der gemeinsamen Sache vermuteten.

Von der Trennung im Glauben kann also noch nicht da gesprochen werden, wo der Glaube sich verschieden artikuliert. Leider gilt auch das Gegenteil: Von der Einheit im Glauben kann noch nicht da gesprochen werden, wo der Glaube sich einheitlich formuliert. Was hat zum Beispiel der lutherische Theologe Helmut Gollwitzer mit seinem lutherischen Kollegen gemeinsam, der in Südafrika die Politik der Rassentrennung mit theologischen Argumenten rechtfertigt? Vielleicht könnten sie sich abstrakt in jeder Formulierung des Glaubens einigen. Aber das Christentum geht nicht abstrakt und im Allgemeinen. Sie sind im Glauben getrennt, viel tiefer und viel entscheidender, als es Katholiken und Protestanten sind. Was hat der Jesuit Daniel Berrigan, der während des Vietnam-Krieges wegen seines Widerstandes gegen diesen Krieg im Gefängnis saß, mit seinem katholischen Mitchristen Kardinal Spellman zu tun, der während desselben Krieges die

Soldaten an der Front in der »amerikanischen Sendung« bestärkte? Die Einheit ihres Glaubens ist gestört trotz der einheitlichen Glaubensformulierung. Können sie zusammen die Messe feiern? Ich weiß es nicht. Aber eines weiß ich: Der Katholik Berrigan würde nicht zögern, mit dem Lutheraner Gollwitzer das Abendmahl zu feiern, und der alte Gollwitzer würde mit Freuden bei Berrigan kommunizieren.

Es gibt schon längst eine neue Ökumene und eine neue Einheit im Glauben, deren Mitglieder nicht mehr in den alten Grenzen zu suchen sind und für die diese Grenzen immer unwichtiger werden. Vor einiger Zeit trafen sich Christen aus mehr als zweihundert Initiativgruppen zu einer »ökumenischen Versammlung für Gerechtigkeit, Frieden und Bewahrung der Schöpfung«. Diese Versammlung verband Bibelarbeit, Gottesdienst und Gegenwartsanalyse miteinander. Es waren Katholiken und Protestanten, aber keiner fragte dort nach dem kleinen Unterschied. Ihr Gebet, ihr Gottesdienst und ihre Frömmigkeit hatten ein Thema: die Bedrohung der Erde durch einen vernichtenden Atomkrieg, die soziale Ungerechtigkeit, vor allem der Dritten Welt gegenüber, und die Bedrohung durch einen Öko-Tod. Ich nehme diese Versammlung nur als Beispiel für das, was in einer Ökumene von unten an ungezählten Stellen in der Bundesrepublik und mehr noch in den Vereinigten Staaten geschieht. Die alte Volksreligion, besonders der Katholizismus, hatte ihre Kraft und ihr Feuer darin, daß sie die Poesie der Grundwünsche an das Leben war. Man segnete das Brot, weil es nicht selbstverständlich war, Brot zu haben. Man besprengte die Kinder mit Weihwasser, wenn sie aus dem Haus gingen, und gab so dem Wunsch Gestalt, sie möchten behütet zurückkommen. Man segnete das Vieh, die Ernte, das Wasser, den Wein. Religion, Gebet, Gottesdienst waren keine Sonderbereiche, vorgesehen für den Sonntag und für festliche Zeiten. Die alltäglichen Wünsche, Hoffnungen und Befürchtungen der Menschen waren mit ihr verbunden. So ist es in der neuen Ökumene von unten – die Grundwünsche an das Leben werden wieder mit der Sprache des Glaubens verbunden: zu spirituellen Angelegenheiten werden das Wasser, das Brot, der Friede, die unzerstörte Erde, der geschwisterliche und gerechte Umgang der Menschen miteinander. Glaube erschöpft sich nicht in Politik, aber die Gegenstände der Politik werden zugelassen als Gegenstände des Glaubens. Wo der Glaube und die Wunden des Lebens miteinander verbunden werden, wo das, was Menschen angetan wird – im Guten wie im Bösen –, glaubensentscheidend ist, da entsteht eine neue Frömmigkeit. Denn Menschen erfahren nun genauer, wofür sie beten sollen, warum sie Gott brauchen und warum sie sich im bedrohten Leben den Luxus nicht erlauben können, auf Gott zu verzichten. Und so sehen wir in dieser neuen Ökumene Frömmigkeitsformen wiederaufleben, die die Kirche selbst schon vergessen hatte. Ein Beispiel dafür ist das Fasten. In beiden Großkirchen spielte es so gut wie keine Rolle mehr. Nun bereiten sich solche Gruppen wieder im Fasten auf ihre Demonstrationen vor. Ein Beispiel sind die Nachtwachen, ist das Schweigen – alte religiöse Figuren, die wieder möglich werden, weil sie mit den Wünschen und Sehnsüchten von Menschen verbunden werden.

Im Gegensatz zu der herkömmlichen, eher theologischen ökumenischen Bewegung verschwenden diese Gruppen einer Ökumene von unten kaum einen Gedanken darauf, ökumenisch zu sein. Die wichtigen Fragen, mit denen sie sich beschäftigen, verweisen die unwichtigen und die halb-wichtigen Fragen auf ihren Platz. Die Großkirchen mit ihren theologischen ökumenischen Problemen sind Hüter eines verspäteten Bewußtseins. Es gibt Fragen, die auch dadurch gelöst werden, daß sie vergessen werden. Die Gruppen einer Ökumene von unten fragen nicht mehr, ob Katholiken und Protestanten miteinander das Abendmahl nehmen können oder nicht, sie tun es. Sie geben sich nicht einmal mehr ab mit den Bedenken der Bischöfe und der Kirchenleitungen, denn sie haben Wichtigeres zu tun. Sie haben keine Zeit mehr, danach zu fragen, von wem sie in der Glaubensformulierung und in der Glaubenstradition getrennt sind. Sie haben es eilig, und sie fragen: Mit wem können wir zusammengehen? Wer teilt unsere Interessen? Wer ist derselben Sache auf der Spur? Sie suchen Verbündete und erschöpfen sich nicht daran, ihr Selbstverständnis und ihre Identität durch Abgrenzung von anderen zu gewinnen. Sie empfinden die Fremdheit des anderen, seine andere Herkunft, seine andere Tradition und die andere Variation des Glaubens nicht als Bedrohung, sondern als Bereicherung. Man lernt die Kochkünste der anderen schätzen. Das heißt, man besteht nicht auf der eigenen Leberwurst, und man will nicht erst dann miteinander essen und zusammensein, wenn man sich auf einen allgemeinen und überregionalen McDonald's-Geschmack geeinigt hat.

Man könnte die Ökumene von unten einer Ehe mit Kindern und die theologische Ökumene von oben einer Ehe ohne Kinder vergleichen. In einer kinderlosen Ehe sind die Partner viel mehr darauf angewiesen, ständig ihr Verhältnis aufzuarbeiten, immer neu zu erklären, wer man ist, was man miteinander will und wie man miteinander leben will. In dieser Frage der Selbstdefinition verbraucht man viel Kraft. In einer Ehe mit Kindern (es müssen ja nicht unbedingt leibliche Kinder sein, es können andere gemeinsame Aufgaben und Beglückungen sein) ist immer ein Drittes da, in dem sich die Partner vergessen können. Man schaut weniger aufeinander als gemeinsam auf ein Drittes, das man liebt, um das man sich kümmert und um das man besorgt ist. Die Einheit der Partner wird unmerklich und fast unbeabsichtigt hergestellt. Die Einheit der beiden liegt außer ihnen und ist gerade in dieser Absichtslosigkeit so fest. Diese Kinder, um die die ökumenischen Gruppen von unten sich sorgen, das ist der Friede, der Kampf gegen die Folter, die gerechte Verteilung der Güter, die Schönheit und die Möglichkeit des Lebens in dieser Welt.

Über diese gemeinsamen Kinder und über die Sorge um sie bekommen die Christen dieser Ökumene gemeinsame Gesichtszüge. In diesen Gruppen ist es erstaunlich, zu beobachten, wie katholisch die Protestanten und wie protestantisch die Katholiken werden. Protestanten nehmen katholische Traditionen auf. Heilige zum Beispiel werden wichtig, weil man sich Zeugen für die eigenen Lebenswünsche sucht. Die katholische sakramentale Geste gewinnt einen neuen Platz in diesen Gruppen. Katholiken holen eine Reformation nach, indem sie selbst verantworten, was sie tun, und sich unbekümmert über römische Anweisungen hinwegsetzen. Man ißt vom Brot des anderen und begnügt sich nicht mit der eigenen Kärglichkeit.

Die Gruppen einer Ökumene von unten sind nicht unabhängig und selbständig. Sie stehen in einem Verhältnis zur Gesamtkirche. Von ihr kommen sie, ihre Mitglieder sind sie. Viele von ihnen sind Pfarrer oder Pfarrerinnen in der Großkirche. Sie sind gewissermaßen gespalten, Menschen mit zwei religiösen Orten, zu Hause sind sie in ihren Gruppen, die eine höhere gesellschaftskritische und religiöse Intensität haben. Sie sind ebenfalls zu Hause in der Großkirche, die in ihrem Engagement verschwommener, liberaler und vorsichtiger ist. Oft kommt es zu unerträglichen Spannungen. Denn das Großgebilde liebt den Konflikt nicht, den eine eindeutige religiös-politische Position immer mit sich bringt. Die intensiven Gruppen der Ökumene von unten dagegen lieben den Kompromiß nicht. Die einen wollen sich friedlich verhalten, die anderen wollen rein bleiben, schnell gehen, nicht warten, bis auch der letzte mitgekommen ist. Die einen könnten ohne die anderen ruhiger leben, die anderen ohne die einen konsequenter. Und so entsteht die Frage, wie sie miteinander leben können, vor allem aber, wie sie miteinander streiten können.

In den Kirchen scheint eine produktive Auseinandersetzung und eine Kultur des Streits noch schwerer zu gelingen als bei anderen Gruppen. Das liegt einmal daran, daß in der christlichen Tradition – keineswegs aber in der Botschaft Jesu – ein so hohes Harmoniediktat besteht. Die christliche Botschaft, die in ihrem Zentrum Liebe, Vergebung, Annahme des anderen hat, scheint den Streit zu verbieten. Wie in einer Ehe, die unter Harmoniezwang steht und in der jede Auseinandersetzung die größten Trennungsängste hervorruft, die innere Feindseligkeit trotz der äußeren Streitvermeidung wächst, so geht es manchmal auch in der Kirche. Das Diktat der Friedfertigkeit, das ja mit wirklicher Versöhnungskraft nicht identisch ist, läßt die Unfähigkeit, sich zu verständigen, sich zumindest in Teilaspekten zu einigen, eher verkümmern. Das Harmoniediktat läßt die innere Entfremdung wachsen, und wo es wirklich einmal zum Streit kommt, da sind die Partner dann zu weit voneinander entfernt, als daß sie miteinander umgehen könnten.

Wenn ich die Konflikte in der Kirche betrachte, dann scheinen mir gerade die Pfarrer und Pfarrerinnen besondere Streitverschärfer zu sein. Sie haben von ihrem Selbstverständnis, vom Verständnis der Institution her – man beachte die Sonderregelungen im Kirchenrecht, die für ihren »Lebenswandel« gelten, etwa im Fall einer Ehescheidung – und vom Verständnis der Gemeinden her einen Beruf mit einem erdrückenden Ethos. Wo sie streiten, da geht es meistens um »letzte Dinge«, zumindest streiten sie so, als ginge es immer um letzte Dinge. Um Grundsätzlichkeiten zu streiten ist aber immer viel schwerer und aussichtsloser als die pragmatische Auseinandersetzung. So kann sich jeder Gesangverein leichter einigen, als die Gruppen in der Kirche es können. In »höheren Dingen« kann man sich nur schwer einigen, und was ist in der Kirche nicht ein »höheres Ding«? Das kann genausogut die Frage des Talars im Gottesdienst sein und die zu benutzende Bibelübersetzung wie ein wirklich ernster Gegenstand. Im alten römischen Rechtscodex wurden die Menschen, die sich am Kirchengut vergriffen, immer viel strenger bestraft als die gewöhnlichen Diebe. Jeder Aufstand in der Kirche und jede Auseinandersetzung hat den Charakter des Angriffs auf das »Kirchengut«, auf das Heilige und bisher Unbezweifelte, auf das Lebensrettende. Und was vermögen dagegen schon die Rationalität und das Argument! Kirchlichen Infantilismus kann man auch an den Gegenständen des Streits erkennen. Aber im Streit und als Beteiligter am Streit ist man dazu kaum in der Lage. Vielleicht ist gerade die Selbstlosigkeit der Pfarrer und Pfarrerinnen im Streit – sie streiten ja nicht für sich, sondern für die hehren Dinge – ein besonderer Hinderungsgrund für Übereinkünfte. Jeder Streit hat eine höhere Weihe. Ginge der Streit um die eigenen Interessen, könnte man vielleicht leichter eine Lösung finden. Aber er geht immer ums Ganze. Und so kommt es manchmal geradezu zur Selbstdefinition durch Streit. Viel Feind, viel Ehr! Je mehr Feinde ich habe und je mehr man mir widerspricht, um so gerechtfertigter mag meine Sache sein. Manchmal findet man in der Kirche und ihren Gruppen auch so etwas wie die »Zweckmäßigkeit des Hasses« (L. Coser). Gruppen, die sich neu bilden, die noch klein und ihrer eigenen Sache nicht sicher sind, brauchen den unerbittlichen Streit zur Selbstdefinition und zur Abgrenzung von den anderen. Es gibt also den unvermeidlichen Streit, der um wichtige Gegenstände geführt werden muß und dem man nicht ausweichen kann und darf, und es gibt eine Unversöhnlichkeit und falsche Radikalität, die aus der reinen Gruppenstruktur entsteht. Die Gruppe oder auch der einzelne braucht den Streit zur Wahrung der eigenen Identität.

Je länger ich in der evangelischen Kirche bin, um so mehr scheint mir, daß es noch eine spezifisch protestantische Streitunfähigkeit gibt, die in der »Hier-stehe-ich,-ich-kann-nicht-anders«-Mentalität besteht. Ich versuche, dies zunächst an einem katholischen Gegenbeispiel zu erklären. Als Karl Rahner einmal von Rom wegen eines Buches angegriffen wurde und Schreibverbot hatte und ebenso, als Leonardo Boff wegen seiner Befreiungstheologie Sprechverbot hatte, da haben sie sich zum Erstaunen und zum Ärger vieler ihrer Anhänger an diese Verbote gehalten. Beide glaubten an die Wahrheit ihrer Sache und waren von den römischen Gegenargumenten nicht im geringsten beeindruckt. Und doch fügten sie sich. Warum?

Beide haben es in ähnlichen Äußerungen erklärt. Sie waren überzeugt von ihrer Sache, und sie waren überzeugt davon, daß deren Wahrheit sich durchsetzen werde. Sie hatten ein fast naturhaftes Vertrauen auf die Unzerstörbarkeit der Wahrheit. Aber, so erklärten sie, diese Wahrheit war nicht völlig an ihre Person gebunden. Sie hatten nicht den Eindruck, daß der Geist mit ihnen stehe und falle. Es sind viele da, so sagten sie, die die Wahrheit weitertragen werden. Wir haben unseren Teil geleistet, andere werden ihren Teil leisten, und es wird in vielen Stimmen laut werden, was sich durchsetzen soll. Man kann daran zweifeln, ob es eine richtige Entscheidung war zu schweigen. Diese Entscheidung will ich nicht verteidigen, wohl aber machen mich die Haltung und das Bewußtsein aufmerksam, die hinter ihr stecken. Es ist ein anderes Bewußtsein von Kirche, in dem der einzelne nie allein ist und die ganze Last der notwendigen Wahrheit auf den Schultern trägt. Sie verstanden sich aus dem Zusammenhang des Ganzen. Vielleicht hätten sie das Lied aus den Bauernkriegen singen können: »Geschlagen ziehen wir nach Haus. Unsere Enkel fechten's besser aus!« Diese beiden Theologen haben wahrlich mit ihrer Existenz für die Sache gestanden, an die sie geglaubt haben, und sie haben an der Verblendung ihrer Kirche gelitten. Und doch fühlten sie das Zustandekommen der Wahrheit nicht völlig an ihre Existenz geknüpft. Sie konnten weiter denken als an die augenblickliche Unterdrückung der Wahrheit. Sie blieben im Raum ihrer undeutlichen Kirche, und sie haben die Wahrheit nicht zur Sache ihrer eigenen Definition gemacht.

Gibt es im Protestantismus einen zu geringen Begriff von der Kirche? Ich zitiere ein anderes Beispiel aus dem evangelischen Raum. Zwei miteinander im Streit liegende Gruppen treffen sich, um diesen Streit aufzuarbeiten. Einer der Theologen schlägt vor, die Gruppen sollten vor dem Streitgespräch miteinander beten und das Abendmahl nehmen. Beide Gruppen entrüsten sich und sagen, sie könnten dies mit ihrer Wahrheit nicht vereinbaren.

Erst müßten sie miteinander streiten, und in der Auseinandersetzung solle sich erst erweisen, welche Voraussetzungen sie hätten, miteinander zu beten und das Abendmahl zu nehmen. Es ging dem Theologen bei seinem Vorschlag keineswegs um eine faule Verschwisterung und Vermeidung des Streits. Aber die beiden Gruppen konnten die Wahrheit nur akzeptieren, sofern es *ihre* Wahrheit war. Ihr Interesse, mit ihrer Wahrheit identisch zu bleiben, ließ nicht zu, daß sie sich einen Vorgriff auf die Versöhnung erlaubten. Und sie konnten nicht denken, daß beiden ja ein gemeinsames Drittes vorlag, von dem aus und auf das hin sie eigentlich stritten: die Bibel, ihre eigene Tradition und der Gott der Versöhnung. Sie zwangen sich dazu, bei sich selbst zu bleiben und sich in sich selber zu erschöpfen. Es war eine Art Selbstaushungerung, indem sie nicht mehr wollten als den eigenen Augenblick und die eigene Existenz: Hier stehe ich, ich kann nicht anders! Versöhnung konnten sie nur denken als von ihnen selbst erschaffen und verantwortet. Was nicht durch die eigenen Hände gegangen war, was nicht identisch war mit dem eigenen Gewissen und Denken, das konnte nicht angenommen werden, auch nicht probeweise, auch nicht im Vorgriff.

Die Existentialisierung des Glaubens, die Eroberung des eigenen Denkens und des eigenen Gewissens, die Erlaubnis also, Subjekt zu sein, das ist der Gewinn der Reformation und die Tugend des Protestantismus. Die Gefahr ist die Beschränkung des Subjekts auf sich selbst, auf die eigene Erkenntnis und auf sie allein, auf das eigene Gewissen und auf dieses allein. Auf die Redlichkeit des Augenblicks, die nicht undeutlich gemacht werden darf durch die Hoffnung auf morgen, durch die Hoffnung darauf, daß mehr sein wird, als jetzt ist und als mein Herz und mein Denken jetzt erfaßt.

An einem Beispiel möchte ich erklären, was es heißt, auf mehr zu setzen als auf die Identität des Augenblicks und auf die Übereinstimmung mit sich selbst. Ich habe in einem Bus eine rührende Szene beobachtet. An einer Haltestelle stieg ein Mädchen von etwa zwölf Jahren zu; sie trug einen Schulranzen und sah müde aus. Der Bus war voll. Ein älterer Mann stand auf und bot dem Mädchen seinen Platz an. Das Kind bekam einen roten Kopf, setzte sich aber dankbar. Was gefällt mir an dieser Szene? Der alte Mann hatte den Sitz wohl so nötig wie das müde Kind. Dem Kind hätte es kaum geschadet, wenn es seine drei Stationen gestanden wäre. Der Wert dieser Szene liegt gar nicht in der realen Hilfe, die der Mann geleistet hat. Sie liegt in der Bezeugung der Höflichkeit und des Respekts. Wahrscheinlich hat das Kind in dieser Minute mehr von der Liebenswürdigkeit des Lebens gelernt als in einem halben Jahr Religionsunterricht. Die Schönheit dieser Szene liegt im überflüssigen Spiel der Achtung. Es war wie ein kleiner Flirt des Alters mit der Jugend. In einer Welt des zweckhaften Umgangs miteinander verhielt sich ein Mensch plötzlich spielerisch. Ein kleines und schönes Liebesspiel, ebenso nichtsnutzig wie unentbehrlich.

Der Mann, von dem ich erzähle, hat das Kind angesehen. Er hat dessen Müdigkeit bemerkt. Und die Höflichkeit war die Geste seiner Anteilnahme. Sein Herz und seine Geste stimmten überein. Aber es kann ganz anders sein. Ich stelle mir vor, ich gehe mit einem Kollegen durch eine Tür, dem ich nicht die gleiche Sympathie und Aufmerksamkeit entgegenbringe, die der Mann dem Kind entgegengebracht hat. Vielleicht halte ich ihn für einen Esel; vielleicht hatte ich gerade einen Streit mit ihm. Und doch bin ich höflich und lasse ihm den Vortritt. Lüge ich? Ist meine Höflichkeit eine verdorbene Geste? Tatsächlich tue ich etwas, was meinem Herzen und meiner augenblicklichen Stimmung dem Kollegen gegenüber nicht entspricht. Ich bin zwiespältig und keineswegs mit mir identisch – einmal ist da meine Feindseligkeit gegen den Kollegen und dann die geäußerte freundliche Geste. Die Gebärde aber ist im Augenblick menschlicher als ich selber. Doch es ist auch *meine* Gebärde. Und wenn ich sie setze, dann bin ich mir selber in ihr voraus. In der Distanz zu mir selbst, in die ich durch diese Geste gerate, übe ich einen Wunsch und einen Glauben ein. Ich übe den Wunsch ein, daß die Mißstimmung oder die Feindschaft zwischen uns überwunden werden soll; ich übe mich im Glauben daran, daß Feindschaft überwindbar ist und daß Versöhnung mehr ist als Feindschaft. In der Gebärde der Höflichkeit, die mir im Augenblick nicht aus dem Herzen kommt, spiele ich mich an meine reichere Möglichkeit heran. Ich wäre ärmer und weniger menschlich, wenn ich mich auf die Redlichkeit des Augenblicks beschränkte; wenn ich dem Kollegen gegenüber nur das äußerte, was ich wirklich äußern kann, nämlich Kälte und Abneigung. Ich will nicht in Übereinstimmung mit meiner augenblicklichen Kargheit bleiben, und so erlaube ich mir die Trennung von mir selbst. Es ist der kleine Tanz der Zukunft, der reicher und menschlicher sein soll, als der Augenblick es ist. Ich erkenne in ihm, wer ich morgen sein kann. Hoffnung heißt nicht nur, in andere hineinzusehen, was sie noch nicht sind, wozu sie aber unterwegs sind und was ihnen bestimmt ist. Hoffnung heißt auch, in sich selber mehr Reichtum zu vermuten, als schon erkennbar ist. Und so spiele ich das Spiel meines eigenen Reichtums, zu dem ich noch unterwegs bin.

Eine Kultur des Streites braucht Regeln. In der Regel baut sich das Subjekt von außen. Wir verklären das unmittelbare Gefühl und die eigene Jeweiligkeit. Sie aber ist, für sich selber und allein genommen, ein gemischtes Gebilde, eine Mischung aus Redlichkeit und Irrtum. Sich der eigenen Augenblicklichkeit fremd zu machen, zumindest sie nicht als die einzige Quelle der Wahrheit zu nehmen, das hebt uns über die Beschränkung des Augenblicks und über die Beschränkung auf uns selbst. Die Regel kann eine solche produktive Entfremdung des Menschen von sich selbst sein. Sie kann natürlich auch das Gegenteil sein: Knechtung des Subjekts und Entmündigung seines Gewissens. Aber darüber sind wir uns klar, und das haben wir gelernt. Jetzt geht es darum, auch der Leibeigenschaft des eigenen Herzens zu entkommen.

Ein alter Mönch hat mir erzählt, wie die Brüder im Kloster miteinander umgehen, wenn unter ihnen ein Streit ausgebrochen ist. Drei Regeln sind mir in Erinnerung geblieben. Die Brüder sollen den Konflikt nicht unmittelbar austragen, wenn er entsteht. Sie sollen wenigstens eine Nacht verstreichen lassen. Die Konfliktpartner sollen sich von einem Dritten eine Bibelstelle geben lassen, die jeder von ihnen vor Austragung des Streits meditiert. Und zuletzt: Sie sollen, wenn der Streit heftiger wird, ihn vor einem dritten Bruder austragen, der eine Art Echofunktion im Streit hat. Er soll nicht Schiedsrichter spielen. Er soll nur die Vorwürfe und Argumente wiederholen, die einer der Partner im Streit formuliert. In diesen Regeln werden die Brüder nicht dazu angehalten, Konflikte zu vermeiden und unter allen Umständen friedfertig zu sein. Die Wahrheit wird also nicht zugunsten einer schwächlichen Harmonie verraten. Die Brüder versuchen eine Kultur des Konflikts. Indem die Brüder Regeln einhalten, reinigen sie sich von der Gewalt des Augenblicks. Die Wahrheit der Brüder ist ja nicht nur der augenblickliche Zorn, die augenblickliche Verletzung und das augenblickliche Rachebedürfnis. Wut und Zorn sind nicht verboten. Aber sie sind nicht die einzige Wahrheit dieser Menschen. Indem die Brüder ihren Streit verschieben, haben sie Zeit, sich zu fragen, ob die Stimme des Zorns die einzig gebliebene Stimme ist. Sie lassen sich Zeit zu einer möglichen Einsicht und zu Argumenten. Sie machen sich langfristig und erschöpfen sich nicht in der Explosivität des Augenblicks.

Indem die Partner eine Bibelstelle meditieren, die sie sich nicht selbst ausgesucht haben, lassen sie eine Stimme von außen auf sich zukommen. Sie lassen einen Einspruch gegen sich selbst zu, und damit halten sie sich nicht für die päpstlichen Besitzer der Wahrheit. Sie prüfen ihre Wahrheit in einem fremden Spiegel. Sie stellen ihre Wahrheit in einen Zusammenhang, der beiden vorliegt. Damit suchen sie nicht nur nach Abgrenzung und Selbstbehauptung. Der Text ist ja zugleich das Versprechen einer Gemeinsamkeit. Sie sehen nicht mehr nur, was sie trennt, sie sehen auch, wo sie noch eine gemeinsame Wahrheit und einen gemeinsamen Boden haben.

Indem sie zulassen, daß sie ihren Konflikt vor einem fremden Ohr formulieren, vor dem Bruder, der zuhört, und indem sie dem fremden Text eine Stimme geben in ihrem Streit, bekennen sie sich dazu, daß die Auseinandersetzung nicht einfach mit dem Sieg des einen und der Niederlage des anderen enden soll. Es geht ihnen um den Ausgang eines Streites, in dem die Wahrheit nicht beleidigt und der Gegner nicht getötet wird. Es geht ihnen um Versöhnung.

Nun könnte man sagen, das alles sind vernünftige Absichten. Warum aber müssen diese Absichten vorher in allgemeinen Regeln festgelegt werden? Können sich die Brüder nicht im Augenblick des Streits zu diesem humanen Verhalten entschließen? Verfremdet diese allgemeine Abmachung des Verhaltens nicht die Streiter? Es ist merkwürdig, daß man sein konkretes und notwendiges Verhalten gerade dann nur selten erfinden kann, wenn man es am dringendsten braucht. Die Situationen überrennen uns oft so sehr, daß wir unser Verhalten nicht gestalten können, wenn solche Modelle nicht schon vorliegen, nicht schon bekannt sind, nicht schon lange vorher abgemacht sind. Man kann nicht schwimmen lernen, wenn man am Ertrinken ist. Und man kann nicht eine Kultur des Streites erlernen, wenn man mitten drin ist. Streiten muß man lernen wie alles andere im Leben. Und die schon lange vor der aktuellen Situation abgemachten Formen und Regeln sind wie gute Lehrer, die uns sagen, wo ein Ausweg ist, wenn der Schmerz des Augenblicks uns mit Blindheit schlägt.

Es geht mir nicht darum, gerade diese Regeln zu verteidigen. Aber wenn das Ziel des Streites nicht die Vernichtung des Gegners sein soll und wenn wir im Streit menschlich, weise und wahrheitsfähig bleiben wollen, dann brauchen wir Abmachungen und Regeln. Ohne sie gibt es keine Kultur des Streits.

Aus den Konflikten in der Kirche, die ich selbst erlebt

habe, scheinen sich mir vor allem folgende Regeln zu ergeben. Sie haben keine konflikttheoretische Systematik, und sie sind eher von praktischer Zufälligkeit:

1. Fürchte dich nicht vor dem Streit, denn er bringt die Wahrheit an den Tag. Indem du streitest, hältst du Menschen für wahrheitsfähig.
2. Erlaube dir den Zweifel an dir selbst. Er schwächt dich, aber er reinigt dich auch.
3. Die Tatsache des Streites selbst gibt dir keine Erlaubnis, die Frage nach der Wahrheit der Sache zu dispensieren und für schon gelöst zu halten.
4. Schau in das Gesicht des Gegners und mach es dir nicht zu einer bequemen Maske.
5. Schau in das Gesicht dessen, für den du streitest, damit du die Wahrheit nicht in Harmonie erstickst.
6. Gib dir die Mühe, herauszufinden, was du mit dem Gegner gemeinsam hast. So vermutest du ein Stück Wahrheit auch beim Gegner.
7. Sei fähig, ungelöste und unentschiedene Fragen auszuhalten.
8. Mach dich im Streit dir selber fremd und trenne dich von deiner explosiven Augenblicklichkeit:
   – Höre auf den Rat eines Menschen.
   – Höre auf den Rat eines Textes.
9. Führe den Gegner ein in deine Ziele und deine Absichten und bleibe kalkulierbar für ihn. Du verlierst dabei an »Kampfkraft« und gewinnst langfristig an Wahrheit.
10. Kontrolliere die Sprache, die du für deinen Gegner benutzt.
11. Verlange vom Gegner nicht Ausgewogenheit. Vielleicht hat er, wie du selbst, nur einen Teil der Wahrheit zu vertreten.
12. Exkommuniziere dich nicht selbst, indem du die Auseinandersetzung mit deinen Geschwistern aufgibst und dich aus dem Raum der undeutlichen Wahrheit herauswünschst. »Die leichte Taube, indem sie im freien Fluge die Luft teilt, deren Widerstand sie fühlt,

könnte die Vorstellung fassen, daß es ihr im luftleeren Raum noch viel besser gelingen werde« (Kant, Kritik der reinen Vernunft).

Brief eines armen Teufels in Sachen »Kirche«

Pforten der Hölle
Der Teufel und Wahrer der Ordnung

An Simon, den Fischer, alias Kephas, alias Petrus

Mein Herr,

zählten Recht und Gesetz in dem Reich, das Sie das Ihres Gottes nennen, dann wären Sie mein! Ich klage nicht über den anarchistischen, gesetzlosen Zustand dieses Reiches. Ich habe mich damit abgefunden. Aber ich rechne ab: Mit Ihnen rechne ich ab, von dem der Gesetzesverächter gesagt hat, daß auf ihm seine Kirche gebaut ist und daß diese Kirche stärker sein würde als die Macht des Reiches der Toten. Es geht mir nicht um Rache, es geht mir um die Buchhaltung und um das Gesetz. Denn der Diabolus, der Mann der Unordnung, der Gesetzlosigkeit und der unerlaubten Vermengung bin nicht ich; das ist der, den Sie Ihren Gott nennen.

Ich klage Sie an, wohlgemerkt: nicht nach meinen Gesetzen, denn ich habe mir nie angemaßt, Gesetze zu erlassen. Wir, die Pforten der Hölle, sind nicht mehr als Überwachungsorgane, und zwar überwachen wir die Einhaltung der Gesetze, die der Gott erlassen hat, der sich zunehmend als Gesetzesverächter erweist. Folgendes werfe ich Ihnen vor:

Unerlaubter Leichtsinn und Zweifel
(Beleg: Matthäus 14,22–23)

Sie erleben einen Sturm auf See, der in der Tat gefährlich war. Sie sehen mit Ihren blinden Augen den Menschensohn und halten ihn für ein Gespenst. Und als Sie ihn endlich erkennen, stürzen Sie sich sinnlos ins Wasser, obwohl ein paar Ruderschläge genügt hätten, Sie zu diesem Menschensohn zu bringen. Und dann schlagen der Zweifel und die Wellen Sie in die Tiefe. Ein Großmaul sind Sie und ein Versager! Sie, Kephas, der Fels! Hätten Gesetz und Recht gegolten, lägen Sie heute auf dem Grund des Sees.

Ausführungsbehinderung eines göttlichen Auftrags
(Beleg: Matthäus 16,13–20)

Gerade schien es, als hätten Sie einen Funken Verstand. Sie haben den Menschensohn erkannt, und er hat sich revanchiert, indem er Ihnen den Schlüssel des Reiches verspricht. Aber er hat sich zu früh auf Sie verlassen. Kaum hören Sie, daß dieser Jesus einen ziemlich unbequemen Auftrag vor sich hat, bei dem er umkommen wird (so sind nun einmal die Dinge: Blut muß fließen, wo das Gesetz gebrochen ist; nein, nicht aus Rache, sondern zur Erhaltung der höheren Ordnung!), da fallen Sie dem Weltgesetz aus schwächlicher Feigheit und unangemessenem Mitleid in den Arm: »Gott verhüte!« sagen Sie. Ausgerechnet er soll es verhüten, der der Garant des Gesetzes ist. Bis heute ist mir unverständlich, warum Sie der Menschensohn an dieser Stelle Satan genannt hat. Denn hier war ich mit ihm einig: Das Weltgesetz muß walten!

Voreiliges Versprechen, Lügen, Fluchen und Verraten
(Beleg: Matthäus 26,36–75)

Erinnern Sie sich an den Garten von Gethsemane und an den Hof im Palast des Hohenpriesters? Das war Ihre endgültige Entgleisung und Ihr Aus. Versprochen haben Sie, eher mit diesem Jesus zu sterben, als ihn im Stich zu lassen. Geschlafen haben Sie, als er sein Blut vor Angst ausgeschwitzt hat. Geflucht, gelogen und vor einer Magd gezittert haben Sie, als man Sie fragte, ob Sie zu dem aus Nazareth gehörten. Sie haben ihn verraten; nicht unbedacht, nicht aus der Verwirrung des Augenblicks; dreimal verraten haben Sie. Mich interessiert dabei nur, welche Gesetze Sie gebrochen haben. Menschlichkeit ist mir fremd, weil ich Höheres zu wahren habe. Spürte ich aber eine Spur dieser Menschlichkeit in mir, so würde ich sagen: Sie sind ein Schwein.

Die Anklagepunkte sind hiermit nicht erschöpft. Ich könnte Ihnen mehr vorwerfen, zum Beispiel den Versuch unerlaubten Kampierens auf himmlischem Gelände bei der Verklärung Jesu (Matthäus 17,4); Ihre Menschenfurcht und Heuchelei, die Ihr eher protestantischer Mitapostel Paulus Ihnen in Antiochien vorgeworfen hat (Galater 2,11–14). Ich könnte Ihnen Ihren törichten Überschwang vorwerfen, dem Sie so oft verfallen sind, zum Beispiel bei der Fußwaschung, als Sie, da Sie die Sache einmal verstanden hatten, nicht nur die Füße, sondern auch die Hände und den Kopf gewaschen haben wollten. Überschwang mag im strengen Sinn keine Gesetzesverletzung sein. Aber aus meiner Erfahrung sage ich Ihnen, daß Überschwang oft eine schlimmere Gefährdung der Ordnung ist als der direkte Gesetzesbruch. Ich bin menschlicher Regungen nicht fähig. Aber ich hasse den Überschwang und die Leidenschaft, die den Menschen unfähig machen zum Kalkül und zu kontrollierter Rationalität.

Man könnte Ihnen einiges zugute halten, zum Beispiel, daß Sie Mut gezeigt haben, als die Obrigkeit Sie einmal verhörte und als Sie gesagt haben, man müsse Gott mehr gehorchen als den Menschen; zum Beispiel, als Sie die Vernunft hatten, den heidnischen Hauptmann Cornelius zu taufen, obwohl er nicht zum Volk der Auserwählten gehörte und obwohl es Ihnen später Ärger eingebracht hat (im allgemeinen sind Sie ja dem Ärger eher ausgewichen). Aber rechtfertigt dies Ihre Ausnahmestellung unter den übrigen Aposteln? Ist es Grund genug dafür, daß Sie ihr Sprecher waren und daß Sie als erster das Grab betreten durften, in dem der Nazarener gelegen hatte; vor dem

Jünger sogar, den er liebte und dessen Bevorzugung Sie oft genug geärgert hat?

Eigentlich, mein Herr, sind es nicht Sie, der uns bekümmert. Strafe genug für Sie ist die Lächerlichkeit, die Sie durch Ihr Verhalten im Lauf der Kirchengeschichte geerbt haben. Ein beliebter Gegenstand des Witzes und der Karnevalsschlager sind Sie geworden. Die Lächerlichkeit macht einen Gegner auf jeden Fall unschädlich, er braucht keine Strafe mehr. Wir fragen aber – und ehrlich gestanden, die Pforten der Hölle sind verwirrt: Welche Kirche ist das, die auf dem lächerlichen Felsen Ihrer Schultern gebaut ist?

Nach welchen Regeln wird hier eigentlich gespielt, wenn der Feigling zum Felsen wird und dabei Feigling bleibt, wie die Vorgänge von Antiochien zeigen? Worauf kann man sich verlassen, wenn der Verräter zum Wortführer wird? Es geht uns nicht um Sie, es geht ums Prinzip. Und wo soll man dies noch erkennen, wenn der Narr die Sorge für die Herde trägt und wenn die Dummheit nicht mehr belangbar ist? Wir, die Pforten der Hölle, haben mit einer Elitetruppe gerechnet, deren Reihen geschlossen sind, deren Zeichen Stärke, unermüdlicher Einsatz und Kampfgeist sind. Statt dessen finden wir in dieser Kirche – getreu ihrem Anfang unter dem Felsenmann – einen Haufen, der immer schon geschlagen ist, verstrickt in den eigenen Verrat und weggeschwemmt von den Wellen der eigenen Feigheit. Einmal, zur Zeit, da ich noch in seiner Nähe war, da war dieser Gott ein Gott der Stärke und des unerbittlichen Lichts. Er duldete keine Rebellion und keine Schwäche. Und nun? Ist er alt geworden? Als Sie, mein Herr, seinen Sohn verraten haben, da – so steht es geschrieben – hat dieser Sie angesehen, und Sie haben geweint. Welche jämmerliche Szene ohne Kraft und Stärke! Zu meiner Zeit hätte es geblitzt und gedonnert. Zu Asche wären Sie zerfallen. Aber das Weltgesetz wäre bestätigt. Was ist das für ein Gott, der sich solche Schwäche erlaubt? Und was ist das für eine Kirche, die so unkenntlich ist?

Allerdings ganz ohne Hoffnung bin ich nicht, wenn ich die Geschichte und Gegenwart dieser Kirche ansehe. Auch bei Ihnen, Simon (für einen Augenblick rede ich Sie mit dem vertraulichen Vornamen an!), gab es interessante Ansätze. Im 5. Kapitel der Apostelgeschichte wird eine Geschichte erzählt, deren Reiz ich mich nicht verschließen kann: Die Geschichte von Ananias und Saphira. Die junge Christengemeinde hatte beschlossen, was sie hatten, unter sich zu verteilen. Es sollte ein jeder haben, was er brauchte. Es ist dies zwar ein schwächliches Prinzip, das leicht der Arbeitsscheu der einzelnen dient. Aber immerhin: Beschluß ist Beschluß, und Gesetz ist Gesetz! Besagtes Ehepaar nun, Ananias und Saphira, verkaufte einen Acker, behielt aber einen Teil des Erlöses für sich, eine üble Übertretung des Gesetzes! Sie selber, Simon, führten die Untersuchung, und als die Schuld erwiesen war, fielen beide um und waren tot. Das nenne ich eine glatte und angemessene Lösung. Stellen Sie sich vor, die Sache wäre so ausgegangen wie bei Ihnen selber: Sie hätten die beiden angesehen, wie Jesus Sie angesehen hat, und das saubere Paar hätte zu weinen angefangen. Sie aber wären weich geworden! In der Bibel gäbe es eine Romanze mehr, aber wäre der Sache damit gedient? Nun, dieser erfreuliche Ansatz, das Ganze im Auge zu behalten und sich nicht durch ein individuelles Schicksal irritieren zu lassen, hat sich durchgehalten. Vor mir liegt zum Beispiel der neue römische Gesetzescodex, »auctoritate Joannis Pauli PP. II promulgatus«; das heißt, Ihr Nachfolger im Felsenamt hat ihn veröffentlicht. Das nenne ich mir ein gutes Stück mit seinen 1752 Bestimmungen, die zwischen Rio und Tokio gelten. Darin endlich wird das Leben greifbar, und es ist aufgeräumt mit der schwächlichen und undeutlichen »Jesus-sah-ihn-an-und-Petrus-weinte«-Mentalität. Damit kann man endlich Staat machen. Oder ich denke an die hübschen Regelungen für die Gottesdienste, zur Frage der Sexualität, zum Schutz der Autorität und des Eigentums, zur Durchführung von juristischen Verfahren, zu Fragen der Bekleidung ihrer Amtsträger, die die Kirchen sich im Verlauf ihrer Geschichte ersonnen haben. Gute Arbeit, auch im Detail, zum Beispiel in den erwähnten Bekleidungsfragen oder in der Frage, ob nur Buben oder auch Mädchen Meßdiener werden dürfen. Wer das Wohl und die Autorität des Ganzen will, darf das Detail nicht außer acht lassen. Der Teufel sitzt im Detail!

Eine kleine Ermutigungsgeschichte, die ich gerade höre, will ich nicht verschweigen. Ein Pfarrer soll Seelsorger an einer Anstalt für geistig Behinderte werden. Er wird schließlich abgelehnt mit der Begründung, er habe vor nicht langer Zeit bei einer Gemeindeversammlung öffentlich geweint und besitze wohl die seelische Stabilität für dieses Amt nicht. Endlich Gesicht, und endlich nicht mehr diese morbide Vorliebe für Tränen! Endlich eine Kirche, die auf Felsen gebaut ist und nicht auf Schweizer Käse!

In der Kirche gibt es gute Ansätze. Unberechenbar nur ist der Alte, der das geknickte Rohr nicht bricht und den glimmenden Docht nicht auslöscht; der entgegen jeder geordneten Haushaltsführung 99 gesunde, starke und fette Lämmer sich selbst überläßt und dem einen verlorenen nachgeht; der eine perverse Vorliebe für das Kranke, Schwache und Verlorene hat. Ich will nicht respektlos sein. Aber ich glaube, der Alte hat keine Moral. Oder sollte er diese Kirche der Schwäche und der Weinerlichkeit lieben? Dann wäre ich verloren. Denn die Liebe ist das Ende der Buchführung.

Ich zeichne als Teufel und Wahrer der Ordnung!

Das Evangelium als fremde Nachricht

In einem seiner Bücher hat Heinrich Böll die Metapher »Ich wasche meine Hände in Unschuld« benutzt. Sein schwedischer Übersetzer kannte dieses Bild nicht. Er fand es stark, lobte es und fragte Böll, woher er es habe oder ob er es sich selbst ausgedacht habe.

Ein Beispiel ähnlicher Art: In einer Vorlesung vor Anfängern im Theologiestudium spielte ein Professor auf das Gleichnis vom barmherzigen Samariter an. Einige Studenten waren ratlos und fragten, was es denn mit dieser Geschichte auf sich habe. Sie, die Theologiestudenten, hatten sie noch nie gehört, und sie ist nicht im Schatz ihres Bewußtseins und ihrer Bilder.

Die Bilder, die Sprache und die Gesten der christlichen Tradition gehören nicht mehr zum allgemeinen Bewußtsein unserer Kultur. Sie sind fremd, man kann nicht mehr selbstverständlich auf sie anspielen. Sie werden mehr und mehr zu unverstandenen, aber auch zu unbelasteten Bildern.

Wenn wir sie öffentlich verwenden, zum Beispiel im Religionsunterricht, bei Morgenandachten im Rundfunk, dann sprechen wir für immer mehr Menschen eine Fremdsprache. Den Zerfall eines allgemeinen christlichen Bewußtseins möchte ich hier nicht beklagen. Ich möchte zunächst die Chance dieser Situation erkennen.

Einer fremden Sprache gegenüber habe ich weniger Ressentiments. Da ich keine Erfahrung mit ihr habe, fehlt mir auch die Erfahrung der Korruption dieser Sprache. Ich brauche mich nicht von ihr zu befreien, weil sie mich noch nicht geknechtet hat. Ich kann sie also offen und neugierig hören. Ich meiner katholischen Kindheit war die Sprache des Christentums nicht nur ein Stück Bergung für uns, sie war auch Zwang. Mit ihr wurde ja sehr viel transportiert, auch rigide Moralvorstellungen, Bigotterie und

Herrschaft. Wir hatten darum immer auch eine blasphemische Absetzung von dieser Sprache nötig.

Die fremde Sprache gibt mir eine ungewohnte Perspektive der Welt und meiner selbst. Sie verfremdet meine Welt, und ich sehe Dinge, die ich noch nicht wahrgenommen habe. Lernen kann ich nur, wenn mir etwas Neues und Fremdes gegenübertritt, in ungewohnter Sprache und in noch nicht gelernten Bildern. Die Rede des Häuptlings Seattle wird nicht deswegen so viel zitiert, weil sie einen neuen Inhalt brächte, sondern zumindest auch, weil dieser Inhalt mir in ungewohntem Kontext, in neuen Bildern, in der Gestalt der fremden Kultur entgegentritt.

Die fremde Sprache verhält sich störend zu mir selbst. Sie stört meine geläufigen Selbstwiederholungen in der eigenen Sprache. Wenn ich nur mich selbst zur Kenntnis nehme, dann kann sich mein Leben kaum verändern. Die fremde Sprache ist eine Unterbrechung meiner selbst, und sie ist ein Heilmittel gegen die Selbstprovinzialisierung. Sie enthält störende Geschichten gegen das, was ich immer schon von der Welt und mir selbst gewußt habe.

Die fremde Sprache läßt mir ein Stück Distanz. Sie macht mir ein Angebot, aber sie läßt mir Spielraum und verpflichtet mich nicht völlig, gerade weil es nicht meine Heimatsprache ist. Ein Beispiel: Studenten, die irgendwo im Ausland studiert haben, erzählen immer wieder, sie hätten dort – in Paris oder in Ghana oder in Amerika – mit anderen zusammen in dieser fremden Sprache und in der fremden Situation beten können. Sie hätten voller Anteilnahme einen Gottesdienst in Harlem oder in Atlanta besuchen können. Zu Hause aber sei ihnen das unmöglich gewesen. Die fremde Sprache erlaubt mir, spielerisch in sie einzutreten, sie auf Zeit zu versuchen; Gast in ihr zu sein, ohne daß ich die Distanz zu ihr verlieren muß.

Die Sprache der christlichen Tradition ist ein erratischer Block im Gesamt der öffentlichen Sprache und des öffentlichen Bewußtseins. Das ist ihre Schwierigkeit und ihre Chance.

Wir sollten uns nicht länger von dem falschen Argument bannen lassen, diese Sprache tauge für die Öffentlichkeit nicht mehr und sie könne nicht mehr verstanden werden, weil sie fremd ist. Die Fremdheit eines Textes verhindert sein Verständnis nicht mehr, als unsere naturhafte Beheimatung in ihm sie verhindern kann.

Morgenandachten und religiöse Sendungen wie Verkündigung in einer nach-christlichen Welt überhaupt haben vieles gemeinsam mit dem Religionsunterricht in den öffentlichen Schulen. Sie können nicht mehr davon ausgehen, daß ihr Publikum Christen sind. Darum können die christlichen Wahrheiten nicht mehr einfach als ein in sich selber begründetes und weiter nicht aufzuschlüsselndes System vorgeführt und gelehrt werden. »In der Bibel steht . . ., und also müssen wir es glauben und tun« mag für geschlossene Gemeinden, die die Bibel fraglos als Gottes Wort verstehen, die Stelle eines Arguments annehmen. In der postchristlichen Situation ist dies kein Argument. Daraus, daß die Sätze und die Bilder der christlichen Tradition sich nicht mehr selbst begründen, ergibt sich eine vordringliche Aufgabe: Unsere Sprache muß ihren rezitativen Charakter verlieren. Sie muß aufgeschlüsselt werden. Es muß deutlich werden, daß die Geschichte der Tradition eßbare Brote sind, daß diese Geschichten Lebensentwürfe enthalten, die schön und des Menschen würdig sind. Aufschlüsselung heißt also nicht zwanghafte und konkretistische Anwendung auf die Alltagssituation, sondern vor allem Erklärung der Liebenswürdigkeit jener Geschichten. Hauptinteresse des Auslegers wäre es demnach nicht, zu erklären, daß eine Geschichte *wahr* ist, daß die von ihr verkündigte Moral befolgt werden muß. Hauptinteresse ist, zu vermitteln, daß eine Geschichte *schön* ist, daß sie unsere Würde und unsere Freiheit stärkt, wenn wir auf sie hören. Die Geschichte muß, indem sie erzählt wird, zu mehr Leben und zum Kampf gegen die Verkümmerungen verlokken. Der Realitätsbezug, die Einsicht in die Notwendigkeit der erzählten Geschichte, ist also nicht etwas, was dazukommen kann oder nicht. Der Bezug auf die gegenwärtige Realität bringt eine Geschichte erst zum Singen.

Aber noch einmal: Realitätsbezug heißt nicht zwanghafte Aktualisierung. Wenn wir die Sprache und die Bilder der christlichen Tradition nicht verweigern und auch dort sprechen, wo Menschen nur noch ein vages christliches Bewußtsein haben, so helfen wir beim Aufbau der Hoffnungen von Menschen. Dies ist ein langfristiges Unternehmen und erschöpft sich nicht in aktualistischer Zufälligkeit. Eine unserer Aufgaben im Dienst der Hoffnung ist der langfristige Aufbau von inneren Bildern, aus denen Menschen leben, die ihren Mut stärken und ihren Widerstand gegen die Korruption ermöglichen. Ich nehme als Beispiel die Geschichte vom verlorenen Sohn. Mein Interesse daran wäre nicht der jüngere Sohn, der sein Erbe verspielt, aber durch die Gnade des Vaters wieder aufgenommen wird. Es besteht nicht am älteren Sohn, der mißgünstig ist und die Güte des Vaters nicht versteht, eigentlich auch nicht an der Barmherzigkeit des Vaters. Ich habe also kein Interesse daran, diese Geschichte moralisch auszubeuten und daraus die Konsequenzen für unsere Leben zu ziehen. Was mich lockt und aufmerksam macht, ist zunächst die ungewöhnliche Amoralität des Vaters, das Überflüssige an dieser Geschichte. Der zurückkehrende Sohn will Arbeit und Brot. Beantwortet wird dieser Wunsch mit Überfluß: Der Vater läuft ihm entgegen – unmöglich für einen Orientalen und überflüssig für den Wunsch des Sohnes. Es wird ein Ring gebracht, ein Festkleid, ein Ochse wird geschlachtet, ein Fest wird gefeiert, Musik wird gemacht. Was mich erfreut, ist nicht das Erwartet-Fromme der Geschichte, sondern das Kecke, das Spielerische, der freche Durchbruch durch die erwarteten Realitäten, der triumphale Bruch mit dem natürlichen Kreislauf der Dinge. Es wird keiner gedemütigt, auch nicht durch Vergebung, es wird gefeiert. Die neue Moral, die vielleicht beim Sohn entsteht – es ist nichts darüber gesagt –, hat die Verschwendung zur Mutter, nicht die magersüchtige Dankbarkeit. Selbst wenn wir keinerlei Anwendung aus dieser Geschichte versuchen, keine Konsequenzen für den Alltag ziehen und kein Verhalten daraus ableiten, wird ihre Erzählung Folgen haben. Jeder Reichtum und jede dargestellte Schönheit hat Folgen. Diese Geschichte im Zusammenhang mit vielen ähnlichen Überlieferungen hilft beim Aufbau des Bildes von der Würde des Menschen. Sie ist, in ihrer Schönheit erzählt, subversiv, ganz gleich, ob wir noch dazusagen, daß sie subversiv ist und wo sie heute subversiv sein könnte. Sie entblößt klägliches Leben, und sie verlockt zur Fülle. Die Handlungsfähigkeit des Menschen entsteht nicht zuerst aus moralischen Appellen, sondern aus dargestellter Fülle.

Wenn wir als Theologen in undeutlichen Räumen sprechen müssen, in Situationen, die kaum noch als christliche zu identifizieren sind, so versuchen wir diesem Problem zu entkommen, indem wir ohne Rückbezug auf die Tradition arbeiten, aus der wir kommen. Wir setzen den Adressaten und unser Interesse, bei ihm anzukommen, absolut. Wir ersparen ihm die Fremdheit des fremden Textes, des fremden Bildes, und lassen den Hörer im Horizont seiner eigenen Verständlichkeit. Wir bringen allgemeine Gedanken – oft nicht schlechte – zu einem allgemeinen oder auch zu einem speziellen Thema. Der Religionsunterricht, die Arbeit in den Evangelischen Akademien, die Morgenandachten im Rundfunk verlieren ihre eigene Kontur. Unsere Aufgabe ist die Erinnerung und die Berufung auf die Geschichten vom gelungenen Leben. Die Gesellschaft hat wenig von uns als allgemeine Räsonierer. Wir schulden ihr die Fremdheit unserer Geschichten. Die Morgenandacht etwa ist nicht die Stelle nachdenklicher Reflexionen, sie ist die Konfrontation mit den unabgegoltenen Geschichten unserer Tradition. Die Wucht dieser Geschichten ist immer noch stärker als die milden Überlegungen eines aufgeklärten Pfarrers, die er sich aus den eigenen Rippen schneidet. Die christliche Sprache in der Öffentlichkeit darf ihr Genus nicht verraten: Sie ist Predigt oder Anti-Predigt, sie ist nicht Kulturbetrachtung. Das machen andere besser und kompetenter.

Ortega y Gasset nannte die Fremdheit des fremden Textes das kostbarste, dem Übersetzer anvertraute Gut. Wir sind nicht Reproduzenten des allgemeinen Bewußtseins und unserer eigenen Überlegungen. Wir sind die Erzähler einer alten Erinnerung. Man kann von uns verlangen, daß wir uns rückbinden an unsere eigenen Traditionen, und dies im Interesse eines neuen und möglichen Lebens.

Dies ist nicht zu verstehen als ein Plädoyer für eine reine, bei sich selbst bleibende und sich selbst genügende Verkündigung. Das Evangelium ist nicht aus sich heraus verständlich. Es wird verstehbar, wenn deutlich wird, wer seine Freunde und wer seine Feinde sind. Ein theologischer Satz, bei dem nicht deutlich wird, in wessen Interesse er spricht, bleibt eine Leerformel.

Ich möchte drei Morgenandachten zitieren, ausführlich besprechen und sehen, wie hier der Ort der öffentlichen Sprache genutzt ist.

»Jesus wich von dannen in eine einsame Gegend allein. Da die Völker das hörten, folgten sie ihm nach. Die Menschen kamen aus den großen Städten, aus Kalkutta zum Beispiel, wo man Säuglinge in Mülltonnen findet, oder aus Detroit, der stolzen Autometropole von einst, aus der ein ›Hunger-Notstandsgebiet‹ geworden war. Sie kamen aus den Flüchtlingslagern von Thailand, Pakistan, Somalia und Palästina. Aus den Gefängnissen von Rußland und Chile. Aus den Dörfern, die der Regen überschwemmt oder die Hitze austrocknet. Sie kamen sogar aus den Krankenhäusern, aus Intensivstationen und Sterbekliniken und erst recht aus den Teilen der Erde, die nie eine ärztliche Hilfe gesehen hatten.

Und Jesus sah die große Menge; und es jammerte ihn derselben. Er sah in ihre Augen und las aus ihnen die Geschichte ihres Leidens ab. Er erschrak aufs tiefste beim Anblick ihrer eingefallenen Gesichter und ihrer abgemagerten Körper. Und mit Entsetzen erfüllten ihn die Spuren der Folter. Er fühlte ihre Schmerzen und teilte ihr Schicksal, und er heilte ihre Kranken.

Am Abend aber traten seine Jünger zu ihm, unter ihnen Christen aus Europa, die sprachen: Unsere Kirchen sind leer, wir führen ein Schattendasein und haben unsere eigenen Probleme. Laß die Völker von dir, daß sie hingehen, wo sie hergekommen sind, und dort ihr Heil suchen.

Aber Jesus sprach zu ihnen: Es ist nicht not, daß sie hingehen; gebt ihr ihnen zu essen.

Sie sprachen: Wir haben nichts als unsere eigenen Vorräte, die reichen gerade für uns selber. Dafür haben wir auch hart arbeiten müssen. Uns wurde nichts geschenkt. An der Bevölkerungsexplosion tragen wir keine Schuld. Sollen doch die Leute in Asien, Afrika und Lateinamerika nicht so viele Kinder in die Welt setzen. Dann werden sie auch genug zu essen haben.

Und er sprach: Bringt mir alles her, was ihr habt. Gott hat euch ja viel mehr geschenkt, als ihr wißt. Bringt mir euren Glauben an den allmächtigen Schöpfer, der die fünf Milliarden Menschen geschaffen hat und ihr Leben auch erhalten will. Bringt mir eure ganze schöpferische Phantasie. Noch mißbraucht ihr sie ja in geradezu verschwenderischer Fülle für immer neue Waffen, um Angst und Schrecken zu verbreiten und Haß zu säen. Aber es geht auch anders. Die Liebe macht erst recht erfinderisch bei der Heilung von Wunden.

Und Jesus ließ die Völker sich lagern auf das Gras und sie in gleich große Gruppen einteilen, fünf Milliarden Menschen in Gruppen zu je 100 000 oder 500 000. Auf diese Weise verschafften sie sich einen genauen Überblick und sorgten für eine Ordnung, nach der sie alles gleichmäßig auf alle verteilen konnten.

Dann nahm Jesus die guten Gaben Gottes, sah auf gen Himmel und dankte und teilte sie auf und gab sie den Jüngern, und die Jünger gaben sie den Völkern. Und sie aßen alle und wurden satt. Ja, es stellte sich heraus, daß allein schon das Getreide ausreichte, um jeden Menschen auf der Erde ausreichend zu versorgen. Bei dieser gerechten Verteilung blieb darum sogar noch eine Menge übrig.«

Zwei Szenen verbinden sich für den Zuhörer miteinander: die eine auf dem Berg, vor zweitausend Jahren, in einem fremden Land, die alte Geschichte aus der Bibel, in der Jesus die Hungrigen speist; die andere Geschichte heute, auf der Intensivstation, in unseren Städten und mit unseren Leiden. Die eine Szene, die alte, haben wir oft gesehen und ihren Text gehört, im Religionsunterricht, am Sonntag in der Kirche. Es ist für viele eine routinierte Geschichte geworden. Die Routine kommt einmal daher, daß wir sie oft gehört haben, zum anderen daher, daß sie nicht mit Realitäten konfrontiert war, es also nicht deutlich war, in wessen Interesse sie spricht und wer ihre Gegner sind. Die alte Geschichte bekommt eine neue Dynamik, weil die Dynamik unseres bekannten Lebens in sie hineinspielt: die Säuglinge in der Mülltonne, die Gefängnisse und die

Spuren der Folter. Die alte Geschichte bekommt eine neue Lesart, einen neuen hermeneutischen Rahmen, durch den die Routine des Hörens zerbrochen wird. Sie kann jetzt verstanden werden und bekommt ihre Einsicht. Die gegenwärtigen Schmerzen sind die Exegese dieser Geschichte. Die alte Geschichte wird also dadurch befreit, daß sie nicht in ihrer historischen Immanenz gelassen wird. Dies gelingt nur da, wo die neue Geschichte, die gegenwärtigen Leiden, nicht als Mittel zur Aufschlüsselung der alten Geschichte benutzt wird, an ihr als solcher aber kein Interesse besteht. Die alte Geschichte ist also nicht die eigentliche Sache und die neue Geschichte nicht nur die Methode ihrer Aufschlüsselung. Beide Geschichten nimmt der Sprecher in gleichem Ernst. Die neue Geschichte darf also nicht nur eine entbehrliche Zutat sein zur Erläuterung der alten.

In der Konfrontation verändert sich auch die neue Geschichte. Intensivstation und Sterbeklinik, Flüchtlingslager und Hunger bleiben nicht nur statistische Aufzählungen. Indem sie konfrontiert werden mit einer verpflichtenden Erinnerung, wird zugleich erklärt: Dies soll so nicht sein, es soll keiner verhungern, unnötig leiden und gefoltert werden. Es gibt eine Erinnerung, in der die Würde des Menschen anders gedacht ist. Die Konfrontation mit der alten Geschichte ist zugleich ein Protest gegen Apathie und Zynismus. Die bittere Realität verliert ihre Selbstverständlichkeit. Außerdem ist die alte Geschichte eine Geschichte mit einem guten Ausgang. Das garantiert den guten Ausgang der neuen Geschichte nicht. Aber es stört unsere Hoffnungslosigkeit und unsere Lähmung angesichts der Größe der Probleme. Somit hat die alte Geschichte ihre unentbehrliche Wichtigkeit. Sie darf nicht eine entbehrliche Zutat sein zur Erläuterung der neuen Geschichte.

Diese Morgenandacht gefällt mir noch im besonderen darin, daß sie nicht von dem schlechten Gewissen lebt, das sie den Hörern macht. Die Haltung der modernen Jünger – »wir haben nichts als unsere eigenen Vorräte, es reicht gerade für uns selber, wir haben hart arbeiten müssen dafür, uns wurde nichts geschenkt« – wird nicht so sehr als amoralisch, sondern vielmehr als Verkümmerung des Lebens beschrieben. Appelliert wird nicht an das Gewissen, sondern an den Reichtum dieser Jünger, der schon da ist: »Gott hat euch mehr geschenkt, als ihr wißt.« Die neue Moral ist die bessere Lebensmöglichkeit der Angesprochenen, ihre größere Freiheit. Der Appell ist ein Versprechen und eine Verlockung.

Die Naivität der Hoffnung kommt ohne den Glauben an das Wunder nicht aus. »Es stellte sich heraus, daß allein schon das Getreide ausreichte, um jeden Menschen auf der Erde ausreichend zu versorgen.« Dieser Wunderglaube ist subversiv gegen die zynische Abgefundenheit und die Apathie den herrschenden Zuständen gegenüber.

Die zweite Andacht beginnt mit dem Problem vietnamesischer Flüchtlinge:

»Flüchtlingsbilder gehören zum Weltgeschehen. Immer wieder zeigt uns das Fernsehen Erwachsene, Kinder und Jugendliche, die mit ihren letzten Habseligkeiten unterwegs sind. Erschöpft. Und doch mit einem starken Lebenswillen. Unterwegs in eine bessere Zukunft. Ohne bedroht zu sein. Um wirklich leben zu können.

So, liebe Hörer, kamen sie vor wenigen Jahren zu uns. Vietnamesische Familien und Alleinstehende. In Lagern und Heimen fanden sie eine erste Bleibe. Dort wurden sie von Lehrern in der deutschen Sprache unterrichtet. Und sie wagten die ersten Schritte in eine fremde Umgebung.

In einem dieser Flüchtlingsheime begegnete ich einzelnen von ihnen. Und lernte sie schätzen. Warum? Sie hatten viel Schweres erlebt; die Heimat verloren; Verwandte ertrinken sehen; Angehörige zurückgelassen. Und trotzdem lächelten sie freundlich. Wie Leute, die wieder zu hoffen gelernt haben. Werden wir ihre Hoffnungen erfüllen können? Oder begegnen wir ihnen gleichgültig? Vielleicht sogar ablehnend, überheblich? Solchen Menschen, die glauben, eine neue Heimat gefunden zu haben, einen Lichtblick zu erleben?

Die Bibel sagt uns im Propheten Jesaja, daß Gott allen Menschen in der Welt ein Licht der Hoffnung gestiftet hat. Heil nennt die Bibel dieses Licht. Und damit meint sie Rettung. Eine Rettung allerdings, die mehr ist als die geglückte Flucht aus einer bedrängten Lage. Und dieses Licht ist zudem eine Person: Jesus Christus. Wer an ihn glaubt, wer ihm vertraut, erlebt eine neue Zukunft. Er kann sich geborgen fühlen; erfährt einen tiefen Sinn seines Lebens; kann schwere Erfahrungen auf die Dauer verarbeiten; muß nicht in ständiger Anklage leben. Ich weiß von manchen Flüchtlingen, die dieses Licht der Hoffnung, Jesus Christus, kennen- und schätzengelernt haben. Weil sie darin einen Halt fanden, den jeder Mensch wahrscheinlich sucht. Egal, in welchem Teil der Erde er lebt. Weil wir wissen, daß unsere Welt einen wirklichen Halt nicht bieten kann. Das zeigen uns die Flüchtlingsbilder tagtäglich. Haben wir vielleicht aufgehört, darüber nachzudenken, liebe Hörer? Weil es uns gutgeht; die äußere Not fehlt. Weil Schreckensbilder nicht mehr berühren; das wirtschaftliche Versorgtsein gedankenlos macht. Ist es das? Oder fällt es uns schwer, an Gott zu glauben? Weil Menschen gequält werden; scheinbar sinnlos leiden müssen; Feindbilder den Umgang miteinander bestimmen. Beide menschlichen Erfahrungen drängen zu Gott hin; der uns durch Jesus Christus ein Licht der Hoffnung gespendet hat. Eigenartig, daß ich von den Flüchtlingen auf uns komme, auf Sie und auf mich. Aber ich meine, daß Heimatlosigkeit nicht nur ein Problem Vertriebener ist. Nicht, daß ich vom Flüchtlingselend ablenken wollte; oder Probleme zu verharmlosen suchte; anstatt über Hilfsprojekte nachzudenken. Sondern ich will zeigen, daß diese Fragen nicht so weit voneinander entfernt liegen. Und es könnte doch tatsächlich sein, lieber Hörer, daß Sie sich an diesem Morgen ebenso heimatlos, verlassen, einsam fühlen; wie viele der vietnamesischen Flüchtlinge. Dann können Sie gut verstehen, was es bedeutet, daß Jesus mit Ihren Gedanken, Ängsten und Belastungen zu tun hat. Lassen Sie ihn darum heute Licht sein. Wie das möglich ist? Indem Sie anfangen, in der Bibel zu lesen. Und die Worte, Gottes Worte, in Ihr Leben einwirken lassen. Dann wird Ihr Tag heute etwas heller, hoffnungsvoller; und der nächste Tag noch mehr. Dann wissen Sie, was es bedeutet, eine Heimat zu haben, die Halt gibt. Dann verstehen Sie Menschen, die vertrieben wurden, und können Ihnen einen Halt zeigen, der noch mehr wert ist als eine neue Heimat. Ich mache Ihnen Mut dazu.«

Ich bin mir zunächst unklar darüber, was das Thema des Verfassers ist. Spricht er vom Flüchtlingsproblem? Die erste halbe Seite scheint das zu bestätigen: Sie kommen erschöpft, aber mit einem starken Lebenswillen – sie kommen zu uns an die Saar –, ich bin ihnen begegnet – werden wir ihnen gleichgültig oder überheblich begegnen?

Ich bin aber mißtrauisch seit dem ersten Satz: »Flüchtlingsbilder gehören zum Weltgeschehen.« Ein »Das-istnun-einmal-so«-Satz. Es fehlen Zorn und Aufruhr in dem Satz. Mißtrauisch bin ich auch wegen der Beschreibung, die ich als klischiert empfinde: »Sie kommen mit ihren letzten Habseligkeiten – erschöpft, aber in eine bessere Zukunft, ohne bedroht zu sein. Und trotzdem lächeln sie freundlich.« Ist das so? Ich sehe kein Einzelgesicht hinter dieser Beschreibung.

Im dritten Abschnitt folgen allgemeinste und in dieser Allgemeinheit hilflose Fragen an unser persönliches Verhalten: »Werden wir ihre Hoffnungen erfüllen? Werden wir sie ablehnen?« Es sind weder die Bedingungen ihres Leidens noch die Bedingungen unserer Hilfe überlegt, zum Beispiel die Ausländergesetze. Die Verhältnisse sollen sich personalistisch und vorpolitisch regeln.

Nach dem ersten Drittel wechselt das Thema. Es zeigt sich, daß Flucht und Rettung der Flüchtlinge nur Beispiel sind für die eigentliche Rettung des Menschen: eine Rettung, die mehr ist als eine geglückte Flucht aus einer bedrängten Lage. Es ist das an die Person Christi gebundene Heil Gottes. Ich fürchte, daß damit das Schicksal der Flüchtlinge zu etwas Uneigentlichem, etwas in dieser Ansprache gar nicht Gemeintem wird. Das wäre eine theologische Entwichtigung des Leidens. Das Leiden wird funktionalisiert im Dienst einer theologischen Idee: Das Eigentliche ist das Heil Gottes. Dagegen hilft auch nicht die Beteuerung im letzten Abschnitt, daß der Redner nicht vom Flüchtlingselend ablenken wolle. Er tut es. Die Geschichte der Leiden und der Zerstörungen wird also nicht zum Motor und zur Dynamik der Auslegung des Evangeliums. Sie ist zufälliges Beispiel für eine ganz andere Sache. In der ersten Andacht war der Hunger eine innere Erläuterung des Evangeliums und das Evangelium eine Erläuterung des Hungers. Hier bleiben Flucht und Rettung der Vietnamesen eine äußere Erläuterung des eigentlichen Heils.

Die Andacht schließt mit der Aufforderung, die Bibel zu lesen: »Dann wissen Sie, was es bedeutet, eine Heimat zu haben, die Halt gibt. Dann verstehen Sie Menschen, die vertrieben wurden, und können ihnen einen Halt zeigen, der noch mehr wert ist als eine neue Heimat.« Eine schwer verständliche und schwer erträgliche Konsequenz aus dem Evangelium und der Not der Flüchtlinge.

Die erste Andacht setzt der erfahrenen und ernstgenommenen Wirklichkeit eine Geschichte und Bilder entgegen. Nicht eigentlich eine Lehre, die unabhängig von der dramatischen Geschichte zu haben wäre. Die erste Andacht ist ein kleines Drama der Hoffnung. Wo Lebenswirklichkeiten ernsthaft in Sprache gebracht werden, da hat Sprache immer etwas von einer Aufführung, von Tanz an sich. Die Sprache drängt in die Geste. Schmerz und Liebe machen die Sprache dramatisch und bilderreich.

Die zweite Andacht hat einen anderen Charakter. Ihre theologische Summe läßt sich beschreiben ohne Geschichte und unabhängig von ihren wenigen Bildern: »Es gibt Elend, und es gibt Rettung, aber die eigentliche Rettung geschieht durch Gott, vermittelt durch die Person Jesu Christi. Den Halt, den unsere Welt nicht bieten kann, gibt er. Damit ist er der eigentliche Sinn des Lebens. Durch die Bibel kommt die Kunde von dieser Rettung. Sie zu lesen macht den Tag hell und hoffnungsvoll.« Man kann von dieser Andacht eine Zusammenfassung geben, ohne daß sie Wesentliches verliert. Sie ist heilstopographisch, der Redner kann sagen, was der Fall ist und was das Mittel der Heilung ist. Sie ist nicht psalmische, hungrige Aneignung der Hoffnung. Ob eine Andacht eher psalmisch oder eher abstrakt theologisch ist, ist nicht eine Frage ihrer religiösen Inhalte, sondern eine Frage des Kontextes, auf den hin sich die Inhalte formulieren oder von dem her sie unausweichlich notwendig werden.

Die Botschaft, die nicht aufgeschlüsselt und mit den Leiden der Menschen verbunden wird, die also als zusammenhangloses Zitat weitergegeben wird, ist die eine Gefahr kirchlicher Sprache. Sie kennen wir, und an ihr haben wir schon lange gelitten. Aber wenn man die öffentliche Verkündigung der Kirche beobachtet, sieht man eine andere, entscheidendere Zerstörung christlicher Sprache entstehen. Es ist die Anpassung dieser Sprache an allgemeine Gängigkeiten bis zur Selbstauflösung. Dies ist am deutlichsten an den Verkündigungssendungen im neu entstandenen privaten Rundfunk zu beobachten. Folgende Andacht, oder wie immer man es nennen will, aus einem solchen Sender soll es belegen:

»Endlich ist es mal wieder soweit. Die Sonne strahlt wärmer. Die Reiselust bricht durch. Da will ich wissen, welche Chancen ich als Mann bei einem kleinen Urlaubsflirt habe. Als Deutscher kann ich's kaum besser haben: das ergab eine Umfrage. 56 Prozent der befragten Frauen finden deutsche Männer am spannendsten. Sie verstehen Flachs, legen nicht jedes Wort auf die Goldwaage und sind auch nicht langweilig. Damit haben die deutschen Männer in puncto Urlaubsflirt den Italienern den Rang abgelaufen. Die sollen zwar herrlich romantisch sein, aber trotzdem belegen sie mit 16 Prozent Beliebtheit nur den zweiten Platz. Das beruhigt. Die Konkurrenz ist also erst mal abgeschlagen. Aber wenn ich darüber nachdenke, dann kommen mir doch ein paar Zweifel. Ob die Umfrage auch für mich zutrifft, dafür kann mir niemand garantieren. Vielleicht hilft mir da mein Horoskop weiter. Für ein paar Mark kann ich mir sogar ein persönliches erstellen lassen. Im Kaufhaus aus dem Computer. So 'n bißchen Absicherung kann ja nicht schaden. Schließlich will ich einen gelungenen Urlaub haben. Aber: Auch das Horoskop kann mir nicht besonders weiterhelfen. Das redet nur von Möglichkeiten. Ob die eintreffen oder nicht. Nichts Genaues weiß man nicht. Und ich bin schon wieder da, wo ich angefangen habe. Was bleibt mir übrig? Entweder freu' ich mich gar nicht auf meinen Urlaubsflirt, oder ich warte ab, was sich vor Ort so abspielt. Und das scheint mir immer noch die beste Lösung zu sein. Die nette Überraschung. Das hat schließlich auch was. Gefühle kann man eben nicht im voraus planen, sonst wären sie unecht. Und mit dem erhofften Genuß wär's vorbei. Also kein Verlassen auf Umfragen oder Horoskope, sondern auf den Menschen vertrauen. Denn: Bekanntlich muß man kein Casanova sein, um bei den Frauen anzukommen. Das ist immer noch eine Frage des persönlichen Geschmacks. Und da hat jeder Mensch so seine eigenen Vorstellungen. So wie Gott uns geschaffen hat, lassen sich die in keine Schablone pressen. Deshalb: Auch wenn mir die große Beliebtheit deutscher Männer den Bauch pinselt; ich verlass' mich lieber auf eine höhere Instanz. Ganz nach dem biblischen Motto: Ich vermag alles durch den, der mich stark macht, Christus.«

Natürlich sind nicht alle Verkündigungssendungen im Privatfunk wie dieses von der Kirche bezahlte Sprachgewölle und wie diese Selbstliquidierung christlicher Botschaft. Aber solche Sendungen sind keine Ausnahme, und an ihr läßt sich ein deutlicher Trend ablesen, den ich beschreiben will. Vielleicht verrät der Text allein noch nicht, wieviel Geist in ihm zerstört ist. Der Text ist völlig vermusikalisiert. Vor dieser Andacht läuft ein heißer Beat. Die Andacht gleitet in diesen Beat hinein. Beat setzt sofort danach wieder ein. Manchmal ist solchen Texten auch Beat unterlegt. Der Text selbst ist in seinen kurzen, manchmal in Sprachfetzen zertrümmerten Sätzen ein parataktisches Gehämmere, schnell und dem Rhythmus der Musik angepaßt gesprochen. Er hat das ängstliche Bestreben, unauffällig zu sein und ununterscheidbar im Gesamtprogramm des Senders. Der Verfasser teilt den Glauben des Senderkonzepts, daß eigentlich, besonders von jungen Leuten, nur Musik gehört und aufgenommen wird und daß Texte nur angenommen werden, insofern sie musikähnlich sind. Es sind in Musik eingelegte Gedanken. Musik arbeitet nicht mit dem Gedanken und dem Argument, sie macht Eindruck. Und so ist das Interesse dieser Konzeption, eher Eindruck zu machen als zu überzeugen. Aber welcher Art ist dieser Eindruck, wie lange hält er, und wie suggestiv ist eine Sprache, die mit diesen Mitteln arbeitet? Das Wort wird Eindruck. Welcher Verrat an protestantischer Auffassung vom Wort!

Der vermusikalisierte Text hat das Interesse, nicht aus dem Rahmen zu fallen, und so entsteht auch keine neue Aufmerksamkeit. Der nicht interpunktierte akustische Fluß verhindert sie geradezu. In seiner Sucht, im Programm des Senders nicht aufzufallen, sagt der Autor dem Hörer: Nicht aufgepaßt! Es kommt nichts Besonderes! Wie man sich nach einem solchen Text nach der säuerlichen Ernsthaftigkeit der alten evangelischen Morgenandacht sehnt! Der Zwang, sich nicht abzuheben, zerstört die Ernsthaftigkeit des Gedankens.

Das Heil erwartet der Autor von der Banalität. Die Sprache hat kaum Stilhöhe und ist formlos, eben Allerweltssprache oder zumindest das, was der Autor für Allerweltssprache hält. Die Sätze sind zum Teil unvollständig, die Redewendungen sind plump (»Nichts Genaues weiß man nicht ..., den Bauch pinseln«). Die Stillosigkeit gilt als Unmittelbarkeit. Wo es formlos zugeht, da ist man wie bei uns zu Hause. Die Form kann nur als Entfremdung verstanden werden. Der Eindruck des Assoziativen und Zufälligen in dieser und in ähnlichen Andachten hängt mit der Vernachlässigung der Form zusammen. Eine Kollegin nannte diese Verbilligung der Sprache die Verhaustierung des Evangeliums. Aber es gibt keinen ernsthaften Gedanken ohne eine ernsthafte Form. In der Gestaltmißachtung und in der Gestaltzufälligkeit wird das Jeweilige und Augenblickliche als das Originale ausgegeben. Aber wie weit entfernt ist der Augenblick mit seiner Korruption vom Original!

Die Art der Vermittlung erhält eine völlige Dominanz über den Inhalt. Ich würde gerne wissen, worauf der Autor mehr Mühe verwandt hat: sich den Inhalt eines Bibeltextes anzueignen, den er weitersagen will, oder sich Flapsigkeiten und Unterhaltungskünste auszudenken. Der Bibeltext scheint ja keiner weiteren Überlegung zu bedürfen, und so geht die ganze Mühe auf die Überlegung der Vermittlung, eine neue Verblödung durch die Dominanz der Didaktik!

Was soll man zum Inhalt sagen! Das meiste ist ein seichtes Allerweltsgeplaudere, das in die Allerweltseinsicht mündet: Gefühle kann man nicht im voraus planen ... auf den Menschen vertrauen. Am Ende kommt allerdings noch ein geistlicher Heckenschuß: Ich verlass' mich lieber auf eine höhere Instanz ... Ich vermag alles durch den, der mich stark macht, Christus! Die Potenz wird durch Omnipotenz garantiert. Was ist aus diesem biblischen Satz geworden, wenn man überlegt, nach welchem Leiden Paulus ihn gesprochen hat und in welchen Ängsten er Menschen getröstet hat! Jetzt wird er zur Garantie des Urlaubsflirts. Das ist eine zerstörerische Verbilligung der Sprache und des Gedankens. Der Autor scheint mit Aldi den Gedanken zu teilen, daß nur das gekauft wird, was billig ist. Und so ist dieser Text eine Beleidigung der biblischen Tradition, eine Beleidigung der Frauen und eine Beleidigung der Hörer, dies alles ermöglicht mit unseren Kirchensteuern.

Ich habe diese Andacht zitiert, weil so nicht selten christliche Sprache in der Öffentlichkeit erscheint. Ich zitiere sie auch deswegen, weil eine solche Ermäßigung der Botschaft und diese Art von Formzerfall in unseren Gottesdiensten mehr und mehr zu finden ist. Die alten Gottesdienste und Predigten, besonders in der katholischen Kirche, zeichneten sich dadurch aus, daß den Gottesdienstbesuchern und Veranstaltern immer etwas vorlag. Es lag ein formales und inhaltliches Schema vor, von dem man nicht abweichen durfte. Das Subjekt hatte keine Entscheidungen mehr zu treffen. Alle Entscheidungen über die Figur der Liturgie und den Inhalt der Predigt waren immer schon gefallen, und sie waren überall nachlesbar. Was der einzelne zu tun und aufzubringen hatte, war die Kraft, anzunehmen und zu imitieren, was vorlag: Die Imitation der vorliegenden Gottesdienstfigur und die Annahme der vorliegenden Lehre. Das Heil war Heil von außen, *opus alienum*, und heilsfähig war das Subjekt nur, wo es sich einfügte in den vorliegenden Schatz der Erkenntnisse und Formen. Dies war also ein hoher Zustand der Entfremdung. Allerdings war dieser Zustand nicht ohne Trost und Halt. Man kann sich auch in der Entfremdung zu Hause fühlen. Das hat sich deutlich bei der Liturgiereform gezeigt, bei der ganze Gemeinden den Versuch, das Christentum mit der eigenen Sprache und Geste zu verbinden, als Verjagung und keineswegs als neue Beheimatung empfunden haben.

Seit Mitte der sechziger Jahre bahnt sich eine neue Befreiung an und entsteht ein neues Diktat: Nur die Selbsteroberung, nicht aber die Überlieferung und deren Übernahme befreit das Subjekt. Am Ende der sechziger und am Anfang der siebziger Jahre erfahren wir immer stärker von einem Sachverhalt mit hochsymbolischer Bedeutung, nämlich von Besetzungen. Jugendheime wurden besetzt und zu selbstverwalteten Jugendzentren umfunktioniert.

Der Kölner Dom wurde besetzt von Christen, die gegen Todesurteile des Franco-Regimes gegen Basken protestieren wollten. Häuser werden besetzt, neu gestaltet und in eigene Regie genommen. Menschen machen sich ein Fremdes zu eigen, gestalten es nach ihren Ideen und verwalten es selbst. Menschen machen neue Erfahrungen mit Orten, mit Häusern, mit Kirchen, mit Traditionen, die für sie vorher eher tot und nichtsversprechend waren. Sie schaffen sich eine neue Heimat und eignen sich Welt neu an, indem sie den alten Häusern und Traditionen neue Bedeutsamkeit verleihen. Das Material, das für sie vorher leblos war, wird lebendig, und sie befreien sich damit von den Bannungen der eigenen Tradition. Es gibt keine Befreiung, die nicht mit einer solchen Eroberung der alten Figuren des Glaubens anfängt. Der erste Schritt der Befreiung ist also, daß Menschen sich zu Handelnden machen, die alten Totenhäuser in Brand stecken, um sie neu zu bauen und um neu darin zu wohnen. Es gibt Zeiten, in denen man Feind der Toten sein muß. »Alles ist euer«, und ihr seid nicht in den Fallen der Toten! Für den Gottesdienst heißt das: Die Kirchenräume wurden verändert, der Altar bekam eine andere Stelle, die Kanzel verlor ihren beherrschenden Charakter, die Räume wurden von falscher Sakralität befreit, es entstanden neue Lieder, und die Menschen fingen an, eine andere Sprache zu sprechen; neue Gegenstände und Themen tauchen in den Predigten auf und werden liturgiefähig.

Aber nicht nur im kirchlichen Raum eroberten sich die Subjekte selbst, da vielleicht zuletzt. Außerhalb der Arbeitsbereiche, in denen der Mensch immer noch am meisten fremd bestimmt ist, geschah dies langsam überall. Allmählich erlaubte die Gesellschaft dem Subjekt sich selbst: das eigene Denken, die eigene Lebensauffassung, die eigene Sexualität, die eigene Sprache – dies zumindest in einem für frühere Zeiten unvorstellbaren Maß. Die Situation verändert sich in der Weise, daß das Subjekt sich selbst immer mehr den verhängten und den entfremdenden Diktaten der Schule, der Kirche, der Gesellschaft abtrotzen kann. In diesen Institutionen wird vielmehr das Subjekt Mode, wenn nicht sogar ein neues Diktat. Es wird immer mehr zu einem inneren Ideal, daß der einzelne Autor seiner selbst wird, daß er seine Lebensform erstellt, daß er seine eigene Weisheit erfindet, seine eigene Sprache spricht und diese allein. Es soll sich alles abspielen im Horizont der eigenen Verständlichkeit. Das heißt, das *Fremde* wird ausgeschlossen: die fremde Geste, der fremde Gedanke, die fremde Sprache und Weisheit. Das heißt weiter, das nicht selbst Hergestellte wird ausgeschlossen. Daß das Subjekt sich selbst erlaubt ist und sich der Tradition und der Gesellschaft abgerungen hat, ist ein unaufgebbarer humaner Fortschritt. Aber ist das auch in gleicher Weise mit der neuen Exkommunikationstendenz der Fall, in der das Nicht-Eigene von vornherein als das Schlechtere verdächtigt und ausgeschlossen wird? Das ist für den Gottesdienst und für die Predigt noch nicht die gängige Praxis in unseren Kirchen, wohl aber das geheime Ideal von immer mehr Liturgen. Die Praxis ist immer noch weithin die Gefangenschaft der Gottesdienste in der Themenlosigkeit, in den Ordnungen und in der Moral. Über diese Praxis kann man sich leicht in ihrer Ablehnung verständigen. Schwieriger wird die Verständigung mit den Hohenpriestern der neuen Selbstbeschränkung und des neuen Individualismus; schwieriger deswegen, weil sie in vielem recht haben.

Wenn ich im folgenden die falschen Aneignungstendenzen im Gottesdienst beschreibe, dann weiß ich, daß ich nur zum Teil recht habe. Wir leben in einer Art theologischem und liturgischem Gemenge, in dem verschiedene Aufgaben, die sich vielleicht sogar widersprechen, gleichzeitig bestehen. Es gibt sicher konservative kirchliche Situationen, in denen das Subjekt noch nicht erlaubt ist und in denen das Bestehen der Menschen auf sich selbst die vordringliche Arbeit ist. Es könnte auch sein, daß bestimmte Gruppen in der Kirche, die sich bisher selbst untersagt waren, ein besonderes Recht darauf haben, sich einzuklagen: die Jugendlichen, für die es wenig Sprache in der Kirche gab; die Frauen, die in einer von Männern bestimmten Theologie und Kirche ihre Stimme nicht gefunden haben. Sie müssen sich zu sich selbst befreien. Viele aber haben diese Befreiung schon hinter sich; sie sind schon wieder davon bedroht, sich in sich selbst zu erschöpfen, und die andere Aufgabe, die Befreiung von sich selbst, ist die vordringliche. Die einen sind also zu Recht damit beschäftigt, die überlieferten Figuren des Glaubens und der Frömmigkeit zu köpfen. Die anderen sind zu Recht damit beschäftigt, neue Figuren des Glaubens zu entwerfen. Und um die Alten nicht zu vergessen: Viele leben noch ganz beheimatet in den alten Formen des Glaubens. Die Folge ist, daß keiner so recht zu Hause ist in den gegenwärtigen Häusern der Gottesdienste, und jede Gruppe klagt die verlorene oder die noch nicht gefundene Heimat ein. Vielleicht ist es ganz gut, sich zu erinnern, daß es ein absolutes Heimatrecht nicht gibt, besonders nicht für Christen, auch nicht im Gottesdienst. Vielleicht könnte es sogar Spaß machen, sich zu verkleiden und in den Liedern, Gesten, Gebeten der Geschwister zu gehen. Und vielleicht ist es sogar eine Hilfe im Glauben, nicht immer man selbst sein zu müssen; den Glauben spielen zu dürfen in den Kleidern der Geschwister und so nicht völlig hinter den Formen der Glaubensäußerung stehen zu müssen. Die spielerische Maskierung könnte eine Hilfe im halben Glauben sein, den wir meistens nur aufbringen. Mehr spielen und etwas anderes spielen, als man ist – auch so kann man vom Trost der Geschwister leben. Vielleicht ist das taillierte Kleid des Glaubens gar kein so großes Ideal, weil es oft auch ein sehr enges Kleid ist. Und so singen wir die alten Choräle von Paul Gerhardt, in denen ein festerer Glaube Gestalt gefunden hat, als wir ihn vielleicht aufbringen. Und wir singen die neuen Lieder des Kirchentags, weil es die Lieder der Geschwister sind, obwohl sie für viele von uns schwer erträglich sind; so schwer erträglich wie für die anderen die Choräle. Erwachsenheit besteht auch darin, sich nicht unter allen Umständen behaupten zu müssen – auch nicht in den Gestalten der Frömmigkeit.

Was also verstehe ich nach dieser Einschränkung unter falschen Aneignungstendenzen? Es ist einmal das Diktat der Unmittelbarkeit der Menschen zueinander und der falschen Verdeutlichung im Gottesdienst. In der Kälte der gegenwärtigen Gesellschaft versuchen wir, uns überall wie eine Primärgruppe zu verhalten, wie Menschen, die unmittelbar miteinander verbunden und vertraut sind. Ich soll mich offenbaren, meinem Nachbarn, den ich kaum oder gar nicht kenne, sagen, was ich denke, was ich fühle. Ich soll tun, als seien wir schon lange vertraut. Wo solche Diktate ergehen, entsteht meistens nur Peinlichkeit. Die Veröffentlichung der Gedanken und des Herzens braucht einen Raum größter Vertrautheit, und dieser ist im Gottesdienst normalerweise nicht herzustellen. So gerät die geforderte Veröffentlichung und Schutzlosigkeit entweder zur Lüge oder zu narzißtischer Seelenschmiere. Wo Menschen miteinander umgehen, die nicht durch eine unmittelbare Beziehung, sondern durch eine Sache verbunden sind – und dies sind wir in Gottesdiensten –, da müssen sie im strengen Sinn die Form wahren. Im Gottesdienst und in der Predigt muß das Subjekt als enthülltes und als verhülltes vorkommen. Daß Gottesdienst und Predigt Enthüllung, Erklärung und Verdeutlichung des Menschen sein sollen, darüber kann man leicht Einverständnis erzielen. Aber der Mensch braucht auch Verhüllung. Er braucht Schutz vor den anderen und vor sich selbst. Nicht alles Heil liegt in der Aufklärung.

Dies gilt auch für die Texte und Bilder, die eine Predigt beschreibt und auslegt. Den Hörern den Text nahezubringen, das heißt nicht, diesem seine Fremdheit zu nehmen und ihn aufzulösen in reine Gegenwärtigkeit. Daß wir ein Bild oder einen Text nicht völlig verstehen, das heißt nicht, daß sie uns nicht prägen und daß sie wirkungslos bleiben. Das Ideal unmittelbarer Verständlichkeit ist nur *ein* Ideal. Gerade weil der Text fremd ist, kann er zu uns sprechen und mehr sein als unsere reine Selbstwiederholung. An einem Text muß auch immer etwas sein, was ich nicht ganz verstehe. Die Bilder nicht ganz zu verstehen, das ist geradezu das Wirkungsprinzip eines dramatischen und bildhaften Textes. Ein Märchen – als ein anderes Beispiel eines dramatischen Textes – hat dann seine heilende und helfende Kraft verloren, wenn ich es ganz durchschaue. Man kann etwas durchschauen, ohne es zu verstehen; und man kann etwas verstehen, ohne es zu durchschauen.

Dies gilt besonders für die Gesten im Gottesdienst. Natürlich müssen wir heute in Gottesdiensten mehr erklären als in Zeiten, da man die Symbole der Kirche kannte und mit ihnen vertraut war. Aber es ist eine Unart der Pfarrer, auch noch der letzten Geste ihre produktive Undeutlichkeit durch Dauerrede und Dauererklärung zu nehmen. Sie legen dem Täufling nicht nur die Hand auf. Sie sagen dabei, was man tut und was es bedeutet, wenn man ihnen die Hand auflegt. Sie trauen den Gesten und Bildern die eigene Kraft nicht zu und glauben, diese Kraft müsse dem Symbol durch das Wort gegeben werden. Es gibt eine Zerstörung der Dramatik, der Gesten und Bilder durch die Erklärung. Diese überflüssige Erklärung ist etwa so wirksam, wie wenn zwei Menschen sich küßten und sich dabei gegenseitig erklärten, was der Sinn und die Bedeutung ihres Kusses ist. Das Drama hat seine eigene Weisheit.

Als zweite Gefahr falscher Aneignung und Beheimatung empfinde ich, daß Unterhaltung – Entertainment – immer mehr Gestaltungsprinzip unserer Gottesdienste wird. Manchmal verkommen sie geradezu zu religiösen Gesellschaftsspielen. Sie dürfen nicht zu ernst, sie müssen lustig und spannend sein. Ein Gottesdienst gilt als gelungen, wenn sich die Teilnehmer gut unterhalten und nicht gelangweilt haben. Es muß Schlag auf Schlag gehen, es müssen Elemente der Unterhaltung, Auflockerung und Entspannung möglichst oft vorkommen. Wir haben uns zu fragen, ob es nicht eine Bemühung um Attraktivität gibt, die sowohl den Ernst der Betrachtung des Wortes Gottes als auch der menschlichen Leiden und des Glücks verhindern. Der Gottesdienst ist kein Wohnzimmer, in dem ich es gemütlich habe. Es gibt eine Gemütlichkeit, eine Lustigkeit, eine Burschikosität von Sprache und Form, eine Rudi-Carrell-Haftigkeit, die Sammlung und Konzentration verhindern. Die liturgische Anpassung an die allgemeine Unterhaltungserwartung hilft keinem. Menschen ernst zu nehmen, das kann auch heißen, auf ihre Erwartungen nicht einzugehen. Hierher gehört der krampfhafte Versuch der Liturgen, sich natürlich zu geben, die »Guten-Morgen-liebe-Leute«-Natürlichkeit. Die sogenannte Natur ist mindestens so zweideutig wie die Formen, die Menschen für ihre Gottesdienste gefunden haben. Wie man halt ist, wird als das Natürliche ausgegeben. Ich gestehe für mich, ich finde es unerträglich, wenn sich mir der Pfarrer mit seiner »Natur« und Unmittelbarkeit zumutet: mit seiner schnodderigen Sprache, die auf die Form verzichtet; mit seiner ästhetischen Banalität und Ungebildetheit, in der er geprägte liturgische Situationen auflöst; mit seiner Zirkusdirektorenhaftigkeit, in der er mir wie einem Tanzaffen befiehlt, aufzustehen, mich zu setzen, mit meinem Nachbarn zu sprechen, ihm die Hand zu geben. In einem solchen Gottesdienst habe ich immer den Eindruck, daß mir ein Mensch mit schlechtem Mundgeruch zu nahe kommt.

Es geht mir gewiß nicht darum, die alten Zwanghaftigkeiten zu verteidigen, die unsere Gottesdienstordnungen abspiegeln. Alles ist erlaubt, auch im Gottesdienst. Aber die Frage ist, was nützt und was dem Ernst dessen, was wir tun, angemessen ist. Der Gottesdienst ist die Darstellung der Bilder des Lebens und unsere Einübung in sie. In ihnen erhebt sich eine Stimme gegen die Banalität. Es gibt wenige Stellen in unserer Gesellschaft, an denen unabgegoltene Begriffe wie Vergebung, Trost, Gerechtigkeit, Schuld, Gnade, Barmherzigkeit zitiert werden und ihren Zusammenhang haben. Wo diese Bilder und Begriffe beschworen werden, stören sie die allgemeinen Übereinkünfte. Es wird Zeit, daß wir stolz darauf werden, eine Sprache der Freiheit und der Einheit des Lebens zu haben, sooft wir sie auch verraten haben. Und es wird Zeit, daß wir sie sprechen.

Die Religion der kleinen Leute

Vor kurzem war ich in einem Kloster in Süddeutschland. Die Mönche waren gebildet, das Kloster ist nicht unvermögend. Die alte romanische Kirche war geschmackvoll renoviert. Die vielen Nebenaltäre waren entfernt. Bilder gab es wenige, schon gar keinen Kitsch. Der Gottesdienst hatte eine ästhetische Strenge. Den Rosenkranz betete man dort nicht, obwohl es Rosenkränze für die einfachen Leute in der Klosterbuchhandlung zu kaufen gab. Natürlich gab es auch keine Maiandachten mit schwülstigen Liedern. Zu den sonntäglichen Gottesdiensten reisten die Akademiker von weither an. Die Predigten hatten ein hohes theologisches Niveau. Kurz, es hat mir gefallen. Dann habe ich mich plötzlich gefragt: Was hat dies alles eigentlich mit der Religion meines Vaters zu tun, der ein kleiner Buchhalter war und ziemlich viel Mühe hatte, seine Familie zu ernähren und das Haus abzubezahlen? Was hat dies mit der Religion meiner Mutter zu tun, die ihren täglichen Rosenkranz betete, wenn es im Sommer zu lange regnete und das Heu für die Ziegen auf dem Felde kaputtzugehen drohte? Was hat es zu tun mit den Novenen zum süßesten Herz Mariens, die meine Tante betete, wenn ihr Mann arbeitslos war? Ich befürchte, wir haben es hier trotz der einen Konfession mit zwei Arten von Religion zu tun, mit zwei Arten von Erwartungen und Wünschen, die sich in diesen verschiedenen Religionen ausdrücken. Der Unterschied ist nicht nur der von modern und altertümlich; er ist nicht nur der von aufgeklärt und ungebildet. Die Religion der kleinen Leute hat es zu tun mit einfachen Wünschen an das Leben: daß man sein Brot hat, daß die Ernte gut ausfällt, daß der Mann seine Arbeit hat, daß das Kind gesund wird, daß kein Krieg kommt, daß man am Leben bleibt und daß man in Ruhe sterben kann. Es ist so wenig Höheres und Feines in der

Religion der kleinen Leute, wie das Höhere und Feine in ihrem Leben eben wenig vorkommt.

Diese Religion möchte ich beschreiben. Ich möchte aus alten Briefen zitieren und Erinnerungen bringen, wie sie mir einfallen. Beginnen möchte ich mit einem Brief des Jürnjakob Swehn, eines mecklenburgischen Tagelöhnersohns, der gegen Ende des letzten Jahrhunderts nach Amerika auswanderte und der in einem Brief an seinen alten Lehrer den Tod seiner Mutter beschreibt, die ihm nach Amerika gefolgt war:

»Als aber der Tag zu Ende war, da kam ein anderer, und das war der letzte. Ihr Essen und Trinken, das war nicht mehr, als wenn ein kleiner Vogel essen und trinken tut. Als die Arbeit fertig war und es schon schummerte, da saß ich wieder an ihrem Bett und hielt ihre Hand, und der Puls ging sehr schnell. Lange Zeit saßen wir da im Schummern. Es war ganz feierlich wie in der Kirche, wenn vorn auf dem Altar die Lichter brennen, weil Abendmahl ist. Ja, daran dachte ich, als ich in ihre Augen sah. Es waren sonst ganz gewöhnliche blaue Augen; aber an dem Tag ging ein Schein von ihnen aus, den sah ich sonst nicht in dieser Welt... So, Jürnjakob, sagte sie dann, nun lies mir was aus der Bibel vor.

So las ich ihr die Geschichte von Lazarus vor, und als ich zu Ende war, sagte sie: Da ist ein Psalm, den will ich noch gerne hören. Ich weiß nicht mehr, woans er anfangen tut, aber da ist was von Säen und Ernten drin. – Ich weiß schon, Mudding, welchen du meinst, sagte ich und schlug den 126. auf und las: Wenn der Herr die Gefangenen Zions erlösen wird, dann werden wir sein wie die Träumenden! – Ich höre, mein Sohn! – Und ich las weiter bis zum Schluß: Sie gehen hin und weinen und tragen edlen Samen und kommen mit Freuden – mit Freuden, Mudding! – und bringen ihre Garben. – Ich habe man keine Garben, wenn ich ankomme. – Ja, Mudding, wenn's danach geht, dann kommen wir alle nackt an und haben nichts in der Hand.

Sie schwieg eine Weile. Dann sagte sie: Nimm das Gesangbuch und lies: Christus, der ist mein Leben. So las ich den Gesang, und sie hatte die Hände gefolgt und leise mitgesprochen, und als ich zu Ende war, da sagte sie: Das hat unser Lehrer auch mit den Schülern gesungen, als Jürnjochen gestorben war. Dann rakte sie wieder leise über die Decke, und ihre Seele war sehr müde. Ich aber überdachte ihr Leben, als es zu Ende ging, und fand nichts als Mühe und Not. Dann folgte sie die Hände wieder und sah mich still und fest an, und ihre Augen waren groß und tief. Da konnte man hineinsehen wie in einen tiefen See. Dann sagte sie noch mal was. Sie sagte: Ick wull, dat ick in'n Himmel wer; mi ward die Tied all lang. – Lieber Freund, das behalte ich mein Leben lang bis an meinen Tod. Das könnte, so wie es ist, ganz gut im Gesangbuch stehen. Dann aber folgte sie die Hände wieder unter meiner Hand. So betete sie ganz leise unser altes Kindergebet: Hilf, Gott, allzeit, mach mich bereit zur ew'gen Freud und Seligkeit. Amen.

Als sie das Amen gesagt hatte, da drehte sie den Kopf so 'n bißchen nach links rum, als wenn da wer kommen tat. Und da ist auch einer gekommen; den habe ich nicht mit meinen Augen gesehen und nicht mit meinen Ohren gehört. Der hat sie bei der Hand genommen, und da ist ihre Seele ganz leise mitgegangen, richtig so, als wenn man aus einer Stube in die andere geht. So ist sie nach Hause gegangen, als wenn ein müdes Kind abends nach Hause geht. Und nun ist sie nicht mehr in einem fremden Lande.«

Diese Menschen begehen das Sterben der alten Mutter wie ein Fest. Trotz ihres Kummers feiern sie, daß da ein Mensch aus der Fremde nach Hause geht. »Nun ist sie nicht mehr in einem fremden Land«, sagt der Sohn, als die Mutter tot ist.

Das ist keine hohe theologische Deutung des Todes. Es war nur einfach so, daß diese Frau früh ihren Mann verloren hat, daß sie die Kinder mühsam aufgezogen hat, daß sie in einer Hütte gewohnt hat, die so niedrig war, daß die Söhne in ihr nicht gerade stehen konnten. Das Haus der Welt war schlecht für sie gebaut. Aber mit diesem schlechten Haus finden sich diese Menschen nicht ab. Sie erwarten, daß man einmal nicht mehr im fremden Land ist. Dies meinen sie keineswegs als eine metaphorische Aussage. Sie klagen ganz konkret ein Leben ein, das nicht Not und Pein ist, in dem man zu Hause sein kann wie ein Kind im Elternhaus.

Diese alte Frau hatte wenig Schutz in ihrem Leben. Aber eine feste Unterkunft hatte sie: das Haus ihrer christlichen Sprache und Lieder. Ein Stück Heimat findet man auch in der schlechtesten Welt, wenn man die Dinge beim Namen nennen kann, wenn man eine Sprache hat für das, was man erleidet, und für das, was man wünscht. Heimisch wird man, wenn man sagen kann, wofür etwas gut ist und wohin es mit einem gehen wird. »Wir werden sein wie die

Träumenden«, liest der Sohn seiner Mutter vor und: »Christus, der ist mein Leben.« Die Mutter zitiert das Lied: »Ick wull, dat ick in'n Himmel wer.« Die Reise ist nicht ziellos. Sie wird einmal ein gutes Ende haben. Das alles sagt sie in ihrer lange gelernten Sprache. Die Religion der kleinen Leute betont die Geschichte des guten Ausgangs. Es ist die Religion des Trostes, weil die kleinen Leute im Leben oft genug untröstlich waren. Sie beharren auf dem Trost und auf der Wörtlichkeit der Versprechungen, weil sie so viel brauchen und weil ihnen so viel Leben vorenthalten wurde.

Ich war einmal in New York im Gottesdienst einer weißen Mittelklassengemeinde, in dem ein Theologieprofessor über das Wunder zu Kana predigte, bei dem Jesus Wasser zu Wein verwandelte. Der Prediger war gebildet und historisch bewandert. Er zeigte, wo überall in der außerchristlichen Literatur dieses Wundermotiv noch vorkommt. Sein Interesse war Aufklärung, sein Ziel: diese Wundergeschichte als historisch unwahrscheinlich zu beweisen. Ein bescheidenes Interesse für eine Predigt, und somit war der Gottesdienst ohne wirkliche Aussage.

Zufällig kam ich am folgenden Sonntag in den Gottesdienst einer armen schwarzen Gemeinde. Auch dort predigte der Pfarrer über das Weinwunder. Er nun gab sich alle Mühe, dieses Wunder als historisch echt zu beweisen. Zunächst hielt ich ihn für ebenso langweilig wie seinen weißen gebildeten Kollegen. Dann aber fand die Predigt eine überraschende Wendung. Er erklärte nämlich mit der Logik der Hoffnung, warum er darauf bestehe, daß das Wunder wahr sei. »Das Leben von uns Schwarzen«, so sagte er, »ist wie altes, abgestandenes Wasser. Es ist nichts Festliches darin. Niemand will davon trinken. Aber so wird es nicht bleiben. Unser Elend wird nicht bleiben, wie es ist. Auch wir werden wie Wein sein, so wahr das Wasser zu Kana in Wein verwandelt wurde und so wahr Jesus die Kraft dazu hatte!« Diese Schwarzen waren viel zu arm dran, als daß sie hätten verzichten können auf die Wörtlichkeit der Hoffnung.

Ich zitiere einen Beileidsbrief aus dem Jahr 1890. Gerichtet ist er an eine Familie, der der Vater plötzlich gestorben ist.

»Liebe Maria und Familie,
mit der innigsten Teilnahme erhielten wir gestern die Nachricht vom Tode Eures Vaters. Wie schmerzlich dieser Verlust Euch getroffen, können wir alle uns denken. Doch der liebe Gott hat es getan, und was er tut, das ist wohlgetan. Denn er hat bei allem, was er tut, die besten Absichten zu unserem Heil. Er hat Euren guten Vater zu sich genommen in den schönen Himmel, wo er frei von den Leiden und Armseligkeiten dieses Lebens den Lohn erntet für alles, was er erlitten hat. Der Franz wird Euch nächste Woche im Heu helfen, damit Ihr nicht so allein steht, und eine Messe zur schmerzhaften Mutter haben wir auch lesen lassen.
Mit tiefstem Beileid gerührt grüßt Deine Schwester Kätchen.«

Diesem Brief fehlt der Reichtum des Ausdrucks des ersten Dokuments. Seine Sprache ist formelhaft. Die Worte sind wie alte Hülsen. Aber sie haben schon viele Seufzer geborgen, seit sie zum ersten Male gefunden wurden. Es sind nicht die Worte des Sprechers. Es sind ausgeliehene Worte. Was aber soll ein Mensch tun, der keine eigenen Worte hat? Diskreditiert es seine Sprache, wenn er die Formeln der anderen übernimmt? Macht es sie unwahr? Es macht sie nicht unwahr, aber unoriginell. Die kleinen Leute hatten noch nie Zeit, originell zu sein. Sie wiederholen sich. Sie wiederholen die Formeln von vielen. Sie tragen die Kleider aus dem Leihhaus ihrer eigenen Geschichte. Diese Kleider halten sie nicht weniger warm. Vielleicht haben die kleinen Leute ein weniger ausgeprägtes Verhältnis zum Privateigentum. Ihnen eigen ist nicht nur das, was sie mit eigenem Schweiß erworben und mit den eigenen Händen genäht haben. Ihnen eigen ist die Sprache, die allen gehört. Nur so können sie überleben. Sie ducken sich zusammen, und es ist nicht genau auszumachen, wem der Mantel gehört, der gerade wärmt.

Der Bruder der Frau, deren Mann gestorben ist, ist Pfarrer. Auch er schreibt einen Beileidsbrief:

»Liebe Schwester, hiermit mein innigstes Beileid! Möge der Herr dem Verstorbenen ein gnädiger Richter gewesen sein! Eine heilige Messe werde ich in den nächsten Tagen für ihn lesen.

Nun zum Begräbnis. Sehr gern würde ich kommen, aber es geht leider absolut nicht. Ich müßte, um zeitig dort zu sein, Sonntag von hier abreisen. Das geht aber gar nicht. Wir haben nämlich am Sonntag nachmittag hier Glockenweihe. Wir haben ein neues Geläut erhalten. Mehrere Geistliche sind dazu eingeladen. Ich kann es nicht mehr aufschieben und ändern. Ich bin aber auch nicht ganz wohl, und die rheumatischen Beschwerden hindern mich beim Gehen. Fügt Euch in den Willen Gottes! Dein Bruder Karl«

Der Pfarrer scheint weit weg zu sein vom kleinen Haus, aus dem er stammt. Rheuma und Glockenweihe haben im Brief mehr Platz als Zuspruch und Trost. Interessant ist, *was* der Pfarrer aus der religiösen Tradition erwähnt: Gott soll ein gnädiger Richter sein, und die Trauernden sollen sich fügen. Der Pfarrer vertritt die Interessen Gottes. Was den einfachen Leuten beim Sterben einfällt, ist etwas anderes, nämlich das, was der Tote braucht nach einem entbehrungsreichen Leben: nach Hause kommen – endlich etwas von der Ernte sehen, nachdem man so lange und mühevoll gesät hat – im schönen Himmel frei von den Leiden und den Entbehrungen des Lebens sein. Es fehlt die karge Poesie des Trostes im Brief des Pfarrers.

Mit der Kirche hatten es die einfachen Leute nicht leicht. Die Theologen haben höchst selten ihre Bücher von den Interessen der Gebeutelten her geschrieben. Und die Priester und Bischöfe haben mit ihrer Moral die Lebensmöglichkeiten der einfachen Leute noch weiter beschnitten. Ein alter Ordensbruder, der früher Bergmann war an der Saar, erzählte mir, sein Pfarrer habe ihm 1910 einmal, als er zur Beichte ging, die Lossprechung verweigert, weil er in der Gewerkschaft war.

Wie aber wurden die Leute mit solchen Rigiditäten der Amtskirche fertig? Ich erinnere mich an ein Gespräch zwischen zwei Männern, dem ich als junger Theologe zuhörte. Die beiden Männer waren gerade von der Beichte gekommen. Beide hatten sich angeklagt, gegen die kirchliche Sexualmoral verstoßen und beim ehelichen Verkehr

Verhütungsmittel benutzt zu haben. Der eine von ihnen hatte die Lossprechung erhalten, der andere nicht. Nun erklärte der glücklich Losgesprochene seinem Gesprächspartner, *wie* man dies beichten müsse, um die Lossprechung zu erhalten.

Dies ist eine häufige Art, halbwegs gut davonzukommen bei Leuten, die unter autoritären Systemen leiden. Die Gebote und Verbote der Autoritäten werden nicht prinzipiell in Frage gestellt. Dazu fehlt durchweg das Bewußtsein und die Kraft. Man wird also beichten, wenn man gegen das verstoßen hat, was die Autorität als Sünde erklärt. Aber man wird es so beichten, daß die Autoritäten nicht dahinterkommen, was eigentlich gemeint ist. Es ist die Lösung der Schweijks in der Religion. Natürlich ist es keine gute Lösung. Sie macht Menschen zynisch, und die religiösen Gesten verlieren ihre Innerlichkeit. Die Macht aber bleibt unangetastet.

Es gibt merkwürdig aufsässige Geschichten und Bilder im religiösen Schatz der kleinen Leute. In einer Kirche in der Toskana habe ich eine Darstellung der Schutzmantelmadonna gesehen. An sie schmiegten sich die kleinen Bauern, die Bettler und die Kranken. Ihr Mantel fiel aber nicht nach unten, sondern stand eher horizontal von ihr ab. Im oberen Drittel des Gemäldes war Gott Vater abgebildet, offenbar zornig wegen der Sünde der Menschen. Er schleuderte seine Blitze auf sie. Diese aber wurden von dem abstehenden Mantel der Madonna aufgefangen und so für die Menschen unschädlich gemacht. Das ist nicht gerade eine theologisch legitime Darstellung. Aber sie drückt viel von dem Lebensgefühl der kleinen Leute aus. Von oben ist nicht viel mehr zu erwarten als Blitze und Gefahr. Selbst dem Vater Jesu Christi haben die Religionsverwalter eher Züge des Schreckens und Zornes gegeben als Züge des Erbarmens und des Trostes. »Möge der Herr dem Verstorbenen ein gnädiger Richter gewesen sein«, fällt dem oben zitierten Pfarrer nur ein, als er seinen Beileidsbrief schreibt. Die Leute aber wissen sich zu wehren. Sie vertrauen der schützenden Mutter mehr als dem Vater, der richtet.

Die Muttergottes ist in der katholischen Tradition keineswegs nur still und gefügig. Man erzählt merkwürdig anarchistische Legenden über sie. Einmal, so sagt eine Geschichte, wurde ein Dieb auf frischer Tat ertappt und zum Tod am Galgen verurteilt. Das Recht sagte: Wenn ein zum Galgen Verurteilter nach drei Tagen noch lebt, dann muß er losgeschnitten werden und ist frei. Als der Dieb nun aufgehängt war, kam die Muttergottes, stellte sich, ohne daß sie von den Henkern gesehen wurde, unter den Galgen und stützte die Füße des Diebes drei Tage lang, so daß er nicht erstickte. Nach diesen Tagen lebte er noch. Er wurde vom Galgen geholt und war frei. Die Rechtslage war klar. Es handelte sich nicht um einen unschuldig Gehängten. Der Mann hatte wirklich gestohlen. Er hatte gegen die Gesetze des Eigentums verstoßen. Nach geltendem Recht wurde er verurteilt. Aber das geltende Recht ist meistens das Recht der Mächtigen, besonders das Eigentumsrecht. Die Muttergottes fragt nicht nach diesem geltenden Recht. Sie bricht es, indem sie dem Verurteilten zu Freiheit und Leben verhilft. Eine gefährliche Geschichte für die, die das Recht verwalten.

Selten zwar führt die Religion der kleinen Leute zu unmittelbarer Befreiung. Aber sie hat viele Bilder und Geschichten, die den einzelnen ein Gefühl für die eigene Würde vermitteln können. Diese Bilder bereiten vielleicht langfristig Befreiung vor, sie vermögen aber nicht, sie kurzfristig zu organisieren.

Ich möchte noch einmal auf die Gottesdienste der Schwarzen in Harlem zurückkommen, die ich oft besucht habe. Es ist häufig so, daß diese Schwarzen die im Gottesdienst erzählten Heilungsgeschichten unmittelbar auf sich selber und auf die eigene Situation des Elends beziehen. Hören sie die Geschichte vom Gelähmten, dann sehen sie in der Lähmung ihre eigene gesellschaftliche Ohnmacht. Sie bringen die Geschichte zusammen mit ihrer Arbeitslosigkeit, die ihre Initiative lähmt, mit der Verachtung, die sie erfahren, mit ihrem Getto, dessen Straßen stinken, weil der Müll weniger oft abgefahren wird als sonstwo. Die Erzählung der Heilung heißt für sie: Das soll mir widerfahren, darauf habe ich ein Recht, ich soll heraus aus meiner Apathie und Häßlichkeit, ich bestehe auf meiner Würde. Die Geschichten, die sie im Gottesdienst hören, stärken ihre Lebenswünsche und stören ihre Hoffnungslosigkeit und Selbstverachtung. An diesen Geschichten lernen sie zu sagen: Ich bin jemand. Ich habe es erlebt, daß Leute nach einer solchen Erzählung des Evangeliums im wörtlichen Sinne einübten, »ich bin« zu sagen. Einer sprach es vor, und die anderen wiederholten es: I am – I am somebody – I am black! Ich bin – ich bin einer – ich bin schwarz – mich muß man respektieren – mich darf man nicht schneiden: I must be respected – I must be connected. »Ich bin jemand«, wiederholten sie wie das »Bitte für uns« in einer Litanei. Es war die Litanei, mit der sie ihre Identität und ihren Stolz einübten.

Manchmal – und in Lateinamerika erleben wir es immer öfter – wird das Evangelium bei den kleinen Leuten zum Befreiungsmanifest und zur offenen Sprache der politischen Interessen. In Solentiname in Nicaragua unterhält sich eine Gruppe von Fischern und Bauern über das Johannes-Evangelium. Sie besprechen Kapitel 10, Vers 11 bis 12: »Ich bin der gute Hirt. Der gute Hirt läßt sein Leben für die Schafe. Wer aber nur um Lohn arbeitet, sieht den Wolf kommen und verläßt die Schafe und flieht, weil er nicht der Hirt ist und die Schafe nicht ihm gehören. Und der Wolf ergreift und zerstreut die Schafe.« Die Auslegung der Bauern:

»*Manuel:* Die einen sitzen in der Regierung und bereichern sich, und die anderen geben ihr Leben für ihre Brüder.

William: Und wer ist der Wolf? Ich glaube, der Wolf ist die Ausbeutung, der Mensch, der, anstatt für den Menschen zu sein, Wolf für den Menschen ist.

Gigi: Es heißt, der Wolf ergreift die Schafe und zerstreut sie. Und die Ausbeutung teilt die Menschen in Klassen. Und das System der Ausbeutung schafft in der Gesellschaft den Individualismus und den Egoismus und verhindert, daß die Menschen vereint sind.

Thómas: Wir sind wie zerstreute Schafe.

Natalia: Um vereint zu sein, müssen wir gleich sein. Hier sind einige Bauern zwar etwas besser gekleidet als die anderen, aber ich glaube, wir sind ziemlich alle gleich.
Manuel: Im Stall sind alle Schafe vereint. Und Jesus ist gekommen, um die verstreute Menschheit zu vereinen: So muß der Stall seine Kirche sein.
Gigi: Aber das mit den schlechten Hirten kann man auch auf die schlechten religiösen Hirten anwenden, nicht nur auf die Politiker, nämlich wenn sie sich die politische Macht mit den Politikern teilen und sich von den Schafen ernähren.«

Die einfache Frömmigkeit der Menschen hat immer versucht, den garstigen Graben der Geschichte zu überspringen und sich gleichzeitig zu machen mit Christus und seinem Leiden. »Die Wunden alle, die du hast, hab' ich dir helfen schlagen«, heißt es in einem Passionslied. Menschen haben sich in ihrer Schuld gesehen als solche, die wie die römischen Landsknechte Jesus die Wunden schlugen und die Dornenkrone aufsetzten. Die Fischer und Bauern von Solentiname sind fromm, wenn sie sich in die Geschichten der Bibel hineinsehen, diesmal nicht als Täter, sondern als Opfer. Die Armen sind die Schafe, die von den Mietlingen zerstreut und dem Wolf überlassen werden. Der Wolf ist die ungerechte und blutsaugerische Regierung und die mit ihr kollaborierenden religiösen Führer. Der Wolf, das ist die Einteilung in Klassen, es ist die Ausbeutung und der Egoismus. Was die Bauern mit der Bibel tun, ist keine politische Funktionalisierung des Evangeliums. Sie leben ihre Frömmigkeit und treten ein in die Geschichte, auf die sie hoffen. Die Bilder der Bibel nehmen sie nicht nur als Symbole für das, was mit ihnen geschieht. Die korrupte Regierung *ist* der Wolf; die Armen *sind* die in die Enge getriebenen Schafe des Evangeliums. In den Bildern und Geschichten der Bibel wird das Leben für sie benennbar.

Sprache kommt einmal durch Aufklärung zustande: In neuer Rationalität lernen Menschen, den Zustand ihres Lebens zu durchschauen und zu benennen. Sie kommt zum anderen zustande, wenn Menschen eine Vision haben und ihr dürftiges Leben mit weitreichenden Versprechungen vergleichen können. Das ist bei den Bauern von Solentiname der Fall. Ihre Religion – das sind nun nicht mehr nur die Blumen an der Kette und die hilflosen Seufzer der bedrängten Kreatur. Es ist die gefährliche Erinnerung, mit deren Hilfe Menschen anfangen, an ihren Ketten zu rütteln und sie abzustreifen. Deswegen werden in vielen Ländern Lateinamerikas so viele Nonnen und Priester gefoltert und getötet und Basisgemeinden zerstört.

Wir werden sehen, wem die Kirchen auf Dauer den Vorzug geben: der Religion als dem höheren Sonderbereich oder der Religion, die die einfachen Wünsche der Menschen nach Leben und Würde stützt.

Die Macher leben gefährlich

Ich kenne einen jungen Mann von etwa dreißig Jahren, der an einer schweren seelischen Störung leidet. Große Ängste quälen ihn. Er kann nicht arbeiten. Realitäten kann er nur sehr schwer einschätzen. Beziehungen kann er kaum aufnehmen, er definiert sie ständig durch seine eigenen Probleme, und er ist kaum fähig, einen anderen Menschen als solchen wahrzunehmen.

Ich frage mich, was mit diesem Mann wohl geschehen wäre, hätte er etwa in der Zeit gelebt, als meine Urgroßeltern jung waren, also etwa um 1840. Er hätte in einem kleinen Dorf gelebt. Vielleicht hätte die Wärme der Großfamilie ihn getragen. Möglicherweise wäre er auch in ein »Irrenhaus« abgeschoben worden. Vielleicht wäre er hart, vielleicht wäre er menschlich behandelt worden. Eines weiß ich sicher. Man hätte nicht viel und nicht sehr lange Hoffnung auf Veränderung gehabt. Vielleicht hätte man einige Gewaltkuren mit ihm versucht und ihn dann rasch als hoffnungslosen Fall angesehen. Dies nicht aus Bosheit oder Härte, sondern weil die Menschen damals wenig Instrumente hatten, eine Situation zu verändern. Im Vergleich zu uns – zumindest zu uns in der Ersten Welt – waren die Menschen damals nur in geringem Maße Herr ihres Lebens und ihres Schicksals. Sie waren eher Erdulder als Täter. Sie konnten ihr Schicksal weder durchschauen noch korrigieren. Die Gesetze der Krankheit waren wenig erforscht. Informationsmittel standen ihnen nicht zur Verfügung, die sie über eventuelle Forschungsergebnisse informiert hätten. Und wenn sie diese Informationen gehabt hätten, hätten die wenigsten die Mittel gehabt, eine rasche Reise zu einer Kapazität oder zu einem Heilzentrum zu machen. Es konnte ihnen auch noch niemand sagen, daß die Familie des Kranken selber vielleicht ein Grund für die Krankheit ist. So konnten sie selbst sich nicht verändern und der Kranke konnte es nicht.

Hätte ein Pfarrer diese Familie besucht, dann hätte er vielleicht eine Strophe aus einem Lied von Paul Gerhardt zitiert, die zu Geduld und zum Ausharren unter dem Kreuz ermunterte. Er hätte sie vielleicht an Bachs »Gib dich zufrieden und sei stille« erinnert. Die Lebensphilosophie dieser Leute, für die sie allen Grund hatten, wäre diese gewesen: Auf die Erfüllung des Lebens darf man nicht hoffen. Das Leben geht nicht auf. Man kann sich eigentlich wenig gegen das Leben wehren. Aber man kann sich ducken, daß einen der Wind des Lebens nicht in voller Breite trifft. Sich abfinden, Geduld haben, ausharren, die auferlegte Last tragen – das allein krönt das Leben. Aufstehen gegen das Leben, es verändern wollen, das grenzt an Vermessenheit. Man hat es nicht in der Hand.

Konnten die Menschen damals die Ketten ihres Lebens schon nicht zerbrechen, so hatten sie doch Blumen um diese Ketten gewunden. Sie haben etwa darauf bestanden, daß kein Schmerz sinnlos sei. In der katholischen Tradition hat man die Kranken dazu ermuntert, am Morgen und am Abend ihren Schmerz für das Heil der Welt aufzuopfern. Alles Leben hat man sich in einem Zusammenhang vorgestellt. Nichts fiel in eine zersplitterte Verlorenheit. Was der eine bewußt und geduldig erträgt, das dient allen zum Heil. Es war eine große Würde, die sie beanspruchten, nichts für verloren zu erklären und aus dem Zusammenhang des Ganzen zu entlassen. Der einzige Ausweg der Würde in einer Zeit allgemeiner Ohnmacht und geringer Aussicht. Subjekt ihrer Geschichte waren die Menschen darin, daß sie diese für würdig erklärten; weniger darin, daß sie reale Befreiung und Würde in diesem Leben herstellen konnten.

Bin ich zynisch, wenn ich die Kraft der Geduld und die Würde des Ertragens aus jenen Zeiten so positiv beschreibe, in denen Veränderung so wenig gedacht werden konnte? Ich muß mir den Einwand machen, daß von den Herrschenden und von den Kirchen die Geduld und das

Ausharren vor allem den Opfern empfohlen wurde, den Kindern, den Frauen, den Schwachen, den Armen. In der Tat, die Geduld ist eine zwiespältige Tugend. Ihre theologische Verherrlichung gegen die Kräfte des Aufstandes hat unendliche Opfer gekostet. Aber die Opfer will ich nicht nur als Opfer betrachten, als Objekte des Handelns ihrer Peiniger. Sie haben ihre Seele und ihre – verletzbare – Würde. Und ihre Selbsterklärungen habe ich ernst zu nehmen, auch wenn ich ihnen gegenüber nicht ohne Zwiespalt bin.

Ich kehre zurück zum Beispiel des jungen Mannes. Er lebt nicht 1840, sondern heute. Seine Eltern sind aufgeklärt. Die Mutter ist Psychologin. Seit vielen Jahren denken sie sich schier Undenkbares aus. Der Patient war in einer privaten Heilanstalt. Eine Familientherapie wurde versucht. Man fand eine leichte Arbeit für ihn, die er allerdings doch nicht durchhalten konnte. Es folgte der Versuch in einer anthroposophischen Institution, auf einem alternativen Bauernhof, in einer Wohngemeinschaft, in einem klassischen Krankenhaus. Nichts hat bisher Erfolg gehabt.

Im klassischen Krankenhaus trafen die Eltern auf Auffassungen, die denen von 1840 nicht unähnlich waren. Es waren lebenspessimistische Reaktionsweisen, die etwa so lauteten: Es gibt Krankheit und Gesundheit. Diese sind unterscheidbar. Es gibt heilbare und unheilbare Krankheiten. Veränderung wird es für diesen Patienten kaum geben. Aber es kann ihm mit starken Mitteln geholfen werden, die Krankheit leichter zu tragen.

Die meisten jüngeren Ärzte und Therapeuten, auf die der Patient traf, reagierten auffallend anders. Zunächst fiel die hohe Bereitschaft auf, Zeit für den Patienten und für therapeutische Strategien zu haben. Sie hatten einen großen Optimismus den eigenen Kräften gegenüber und einen starken Glauben an die Gesundheit des Patienten. Sie spielten vor den Eltern die Krankheit des Patienten immer wieder herunter: »Angst hat jeder«, sagten sie manchmal, oder: »Jeder von uns benimmt sich manchmal komisch.« Aus Interesse am Patienten und seiner Heilung gingen sie fast bis zur Verleugnung des Unterschieds von Gesundheit und Krankheit. Es fiel immer wieder die Solidarität mit dem Kranken auf, die sie teilweise zu aggressiven und antifamilialen Interpretationen brachte. Die natürlichen Zusammenhänge des Kranken definierten sie sehr schnell als krank machend. Sie forderten dagegen neugemachte Zusammenhänge: die Wohngemeinschaft, den alternativen Bauernhof. Sie schoben dem Kranken nicht selten mehr Verantwortung zu, als dieser tragen konnte. Seine Handlungen qualifizierten sie manchmal als »ungezogen«, sie leugneten ihre Bestimmtheit durch die Krankheit. Andererseits entmündigten sie ihn, indem sie ihn der Familie gegenüber zum reinen Opfer erklärten. Es fiel ihnen außerordentlich schwer, das Scheitern der therapeutischen Strategien einzugestehen. Der früher so schnell zitierte Satz: »Da kann man nichts machen« schien ihnen wie ein Verrat sowohl der Solidarität mit dem Patienten als auch ihrer eigenen Kräfte. Sie konnten vor allem den Kranken nicht krank sein lassen.

Diese Ärzte und Eltern haben etwas Notwendiges und nicht mehr Aufzugebendes gelernt, nämlich, daß man durchaus etwas ausrichten kann. Wir haben gelernt, die Gesetze von Vorgängen zu durchschauen, Distanzen zu überwinden, Einfluß zu nehmen, Rollen zu durchschauen und ihre Starrheiten zu durchbrechen. Wir haben in einem Maß gelernt, Subjekt der eigenen Geschichte zu sein, wie es vor ein paar Generationen noch undenkbar war. Indem wir Macht über diese Zustände bekommen haben, haben wir gelernt, diese Zustände unerträglich zu finden. Wir sind Täter geworden und nicht nur Erdulder unseres Geschicks. Ich will hier nicht darüber reden, wie gerade die Folgen unserer Taten auf uns zurückschlagen und uns zu neuer Ohnmacht verurteilen. Ich will nicht von der gigantischen Vernichtungsindustrie reden, die man neutral Rüstung nennt, und ich will nichts von den Folgen unserer ökologischen Untaten nennen, die uns vielleicht eine Aussichtslosigkeit bescheren, wie sie unsere

Väter und Mütter noch nicht gekannt haben. Ich will einfach fragen, was es für unsere Selbstauffassung und für unsere Auffassung von der Welt heißt, dem Leben hauptsächlich im Aktionsmodus gegenüberzustehen. Ich will also nicht zurück in die verhängte Ohnmacht und Passivität von früher. Aber spätestens seit der militärischen und ökologischen Bedrohung unserer Welt ist es Zeit für ein paar Fragen.

Ich möchte zunächst fragen, *was* wir denn gelernt haben und worin wir souverän geworden sind. Mir fallen ganz unmittelbar die Schulen ein, die besser geworden sind; die Lehrer und Lehrerinnen, die sensibler geworden sind – nicht weil sie moralisch besser wären als die alten Lehrer, sondern weil sie mehr wissen und mehr pädagogische Möglichkeiten haben. Auf dem Gebiet der Medizin haben wir Fortschritte gemacht, die das Leben von unzählbaren Menschen würdiger und freier machen. Wir haben ein Stück gelernt, uns zu uns selbst zu verhalten, freier mit unseren Wünschen umzugehen, unsere Ängste zu bekämpfen. Gewiß, es fallen mir dauernd Gegenbeispiele ein. Wenn ich zum Beispiel an die Flut der Bücher denke, die vom Sterben handeln, dann vermute ich, daß wir diese Grundkunst des Lebens auch gründlich verlernt haben.

Was wir aber hauptsächlich gelernt haben und worin wir es seit 150 Jahren zur Meisterschaft gebracht haben, das ist unsere technische Souveränität. Mit unserem technischen Können brauchen wir kaum noch Angst zu haben vor der Natur, höchstens vor uns selbst. Ich unterschätze den technischen Fortschritt nicht. Denn er hat unser Leben auch qualitativ verändert. Nur Illusionisten oder Leute, die noch nie hart gearbeitet haben, können daran zweifeln, daß es ein qualitativer Fortschritt ist, einen Traktor zu haben, statt in der Nässe des Oktobers von morgens bis abends auf dem Felde zu stehen und Kartoffeln mit einer Hacke auszumachen. Die Natur ist dem Menschen nicht freundlich gesonnen, auch nicht feindlich. Sie steht ihm in kalter Gleichgültigkeit gegenüber. Der Blitz fragt nicht nach dem Leiden der Menschen, wenn er in ihre

Häuser einschlägt und wenn das Feuer sie frißt. Der Fortschritt der Technik erlaubt uns eine Haltung des Spielens und der Freiheit, wie sie bisher in der Geschichte der Menschheit unbekannt war.

Ich will also nicht antitechnisch argumentieren, sondern fragen, was mit uns geschieht und wie wir uns verändern, wenn wir es mehr und mehr lernen, der Natur, anderen Menschen und uns selbst gegenüber hauptsächlich aufzutreten als die Macher, die Eingreifer, die Züchter, die Veränderer. Was geschieht mit uns, wenn wir, berauscht von unseren Möglichkeiten, die Tugenden der Passivität verlernen: das Geschehenlassen, das Aushalten, die Geduld, den Verzicht darauf, Herr über uns selbst und unsere Welt zu sein? Es geht also nicht um die Benutzung einzelner technischer Fortschritte, sondern um eine Gesamtattitüde der Benutzung der Welt und des Lebens, um eine Gesamthaltung der Sieger der Natur und uns selbst gegenüber, die sich uns einbilden könnte. Es geht um die Lebensphilosophie der Macher, der wir verfallen könnten, die auch dem Christentum keine Chance mehr ließe. Denn das Christentum ist nicht die Philosophie der Macher.

Lassen wir unsere Machenschaften einen Augenblick Revue passieren! *Unsere* Machenschaften, das sind die der Ersten Welt und darin wieder die der Reicheren unter uns. Wir können uns zunächst den Rhythmen der Natur völlig entziehen. Jetzt ist Februar, und es ist eisig kalt. Dennoch brauche ich nur dreißig Schritte zu gehen, und ich kann mir Erdbeeren aus Israel kaufen und Rosen aus Teneriffa. Ich kann mir bei der Kälte auch überlegen, nach Tunesien zu fliegen und mir zwei Wochen Sonne zu kaufen. Es ist gar nicht so teuer. Jetzt ist es abends spät. Ich bin unabhängig vom Licht des Tages. Wenn ich will und wenn mir etwas einfällt, kann ich die ganze Nacht schreiben. Jetzt bin ich traurig oder fühle mich leer. Wenn ich will, kann ich ins Kino gehen oder mich mit unendlich viel anderem zerstreuen. Ich kann mir auch Tabletten kaufen, die mein Wohlbefinden wiederherstellen. Wenn meine

Kälber zu mager sind, kann ich das, wenn ich will, mit Östrogenen korrigieren. Jetzt fühle ich mich von meinem Feind bedroht. Ich habe die technischen Möglichkeiten, ihn in die Steinzeit zurückzubomben. Ich kann Flüsse begradigen, Kanäle bauen, Wälder roden, Tiersorten züchten und ausrotten, Gehirne waschen, in der Gen-Manipulation meine eigene Nachkommenschaft züchten. Ich bin der Macher, und ich mache das, was mir nützt.

In der Antike und im Mittelalter haben die Menschen geglaubt, die Erde sei der Mittelpunkt des Weltalls und Sonne, Mond und Sterne kreisten um sie. Wie harmlos war dieser theoretische Geozentrismus gegenüber unserem praktischen Geozentrismus, wobei als Gäa, als Erde, unsere Erste Welt verstanden wird. Sie allein wird als Welt angesehen. Die Gesetze, die dort herrschen, gelten als die eigentlichen. Die Auffassung vom Menschen in dieser Welt gilt als die einzig mögliche und für alle zu universalisierende.

Unvermittelt sind wir auf ein imperialistisches Moment gestoßen. Ich glaube nicht, daß dies ein assoziativer Sprung ist. Machen, Bewältigen, Eingreifen, Züchten als vorrangige Haltungen und zugleich die Vernachlässigung der passiven Tugenden des Abwartens, des Ertragens, des Sich-Einfügens, des Aushaltens – das sind Attitüden, die dem politischen Imperialismus seinen Lebensboden und seine innere Selbstverständlichkeit geben.

Es gibt eine Stelle, an der der imperialistische und lebensfeindliche Umgang mit der Welt schon ganz unverdeckt ist und gar nicht mehr kaschiert zu werden braucht. Das ist der Umgang mit den Tieren. Ich erinnere mich, daß früher der im Dorf als Tierquäler galt, der seinen Wagen so schlecht gerichtet hatte, daß Vorder- und Hinterräder nicht in einer Spur liefen und die Pferde deshalb mehr ziehen mußten. Das waren goldene Zeiten im Vergleich zur heutigen legalisierten Brutalität. Tierquälerei gab es damals als die Untat vieler einzelner. Es gibt sie heute als die unbedachte Selbstverständlichkeit der Gesamtkultur. Der Mensch unterwirft eine Kreatur völlig seinen Interessen. Er hat kein anderes Augenmerk auf sie als das ihrer Verwertbarkeit und ihrer Verkäuflichkeit. Dem Leben aber kann man nicht geteilt gegenübertreten. Der Mensch, der eine Kreatur so behandelt, übt darin ein, alle Kreaturen zu behandeln.

Wenn wir der Welt hauptsächlich als Macher gegenüberstehen, dann wird die Kategorie des Erfolgs von fast absoluter Wichtigkeit. Der Erfolg rechtfertigt eine Handlung, und der Mißerfolg disqualifiziert sie. Die Rechtfertigung des Menschen wird nach außen verlegt. Die Gefahr besteht, daß nicht mehr nach der Absicht und der inneren Moral des Handelnden gefragt wird, sondern nur noch, ob eine Handlung Erfolg hat oder gescheitert ist. Und so kommt es zu einem massiven Grundgesetz: Scheitern ist verboten. Ich habe kürzlich mit jungen Offizieren diskutiert. Sie kritisierten den Rückzug der Amerikaner aus Vietnam etwa mit folgenden Argumenten: Wenn man eine Sache schon einmal so lange betrieben hat, wenn man so viel Geld, technisches Wissen und Menschen investiert hat, dann gibt man doch nicht einfach auf. Und einer sagte: »Schließlich wäre ja die Angelegenheit in zwei Tagen zu erledigen gewesen.« Er dachte an den Einsatz von Atomwaffen.

Es war schwer, mit diesen jungen Menschen über die Moralität und die politische Legitimität des amerikanischen Engagements in Vietnam zu diskutieren. Das bleibt eine blasse Kategorie vor dem Hauptargument: Man gibt eine Sache nicht auf. Man ist nicht Verlierer, wenn man Sieger sein kann. Die Frage der Wahrheit und der Gerechtigkeit verliert ihre Chancen bei den Machern, die sie dem Kriterium des Erfolgs unterordnen.

Nun gibt es ein sanfteres, ein sympathischeres und ein unumstritteneres Wort für Erfolg. Das ist das Wort Glück. Glück als die Lebenserfüllung des Subjekts haben wir lange nicht bedacht. Es ist ein Begriff, der kaum einen theologischen Ort hatte. Viel höher im Kurs standen Werte der Selbstentäußerung und des Glückverzichts. Ich habe einmal mit einer alten Frau gesprochen, die Schwierigkeiten mit ihrer Tochter hatte, deren Lebensweise sie mißbilligte. Ich habe gegen sie eingewandt: Vielleicht lebt sie so glücklich. Darauf die alte Frau: »Glück ist eine unwichtige Kategorie. Die menschliche Kategorie ist Pflicht.« Dies hat sich gründlich geändert. Die Frage nach der persönlichen Lebenserfüllung darf gestellt werden. Und sie wird gestellt. Sie wird in der Theologie gestellt, sie wird im Religionsunterricht gestellt. Das ist auch gut so. Gut ist vor allem, daß auch die sie stellen dürfen, denen sie bisher besonders verboten war.

Aber was stört mich denn bei der allgemein diktierten Glücksjagd? Zunächst ist es die Tatsache, daß Glück und Solidarität auseinandergerissen werden. Das einzelne Subjekt schenkt sich eine außerordentlich hohe Aufmerksamkeit: der eigenen Gesundheit, den eigenen Leiden, den eigenen Problemen, dem eigenen Wohlergehen. Es hat den Finger am eigenen Puls und mißt sich wie die Figuren im »Zauberberg« ständig das Fieber. Der Mensch hat aber nur begrenzte Kräfte. Wenn die Selbstzuwendung, die er sich gestattet, zu hoch wird, wird das einhergehen mit der Abwendung vom Allgemeinen und von Zielen und Interessen, die den einzelnen übersteigen. Die Überkonzentration auf uns selbst erlaubt uns keine Zeit und keine Kraft für die größeren Opfer.

Wenn das private Glück und die individuelle Erfüllung oberste Kategorie der Lebensbeurteilung werden, dann erschafft gerade diese überwertige Kategorie neues und, wie ich glaube, unproduktives Leiden. Man kann sich selbst nicht nachkommen in der Erfüllung der individuellen Ansprüche. Das Leben ist nun einmal nicht so, daß es uns erfüllt; zumindest nicht, daß es uns ständig und ganz erfüllt. Das Diktat der Selbsterfüllung stößt uns ins Unglück. Glück und Erfüllung sind wenig machbar. Man kann sich selbst nicht herstellen. Hier stößt die Macher-Mentalität an ihre Grenze. Das sagt das alte Wort Glück selber. Es kommt wie nebenbei und ungezwungen.

Immer häufiger kommt es bei Trauungen vor, daß Menschen die alte majestätische Formel »Bis der Tod euch scheidet« verweigern. Natürlich soll keine Ehe aufrechterhalten werden, die der Tod der Zuneigung schon geschieden und zerstört hat. Was ich hier beklage, ist der konditionale Anfang einer Ehe, der das Ende schon ins Auge faßt. Unter der Voraussetzung, daß sie miteinander ihre ungebrochene Erfüllung finden, wollen sie zusammenbleiben. Gewiß, das ist vernünftig, aber auch nur das. Jeder Überfluß und jede Selbstverschwendung sind vermieden. Es werden keine Versprechungen mehr gemacht, die nicht gehalten werden können. Und es wird nichts gehalten, was das Subjekt zu viel kostet an Schmerzen, an Leiden, an Geduld und an Entsagung. Man geht buchhalterisch mit sich selbst und dem eigenen Reichtum um.

Ich überlege, was die Kirchen und das Christentum der Ideologie des Machens und der Rechtfertigung des Lebens durch Glück und Erfolg entgegenzusetzen haben. Zwei Grundansichten vom Menschen sind innerhalb des Christentums nicht austauschbar. Die eine heißt: Du hast dich nicht selbst erschaffen, die andere: Du bist nicht für dich allein auf der Welt. Der erste Satz sagt: Du bist ein Kind der Liebe. Du rechtfertigst deine Existenz nicht durch deine eigene Arbeit, und du erstellst dich nicht selbst. All das, wovon du wirklich lebst, kannst du dir nicht erarbeiten, sondern du mußt es erwarten. Du zerstörst dich, wenn du dich darauf verläßt, dich selbst herzustellen. Die Sucht nach Selbsterwerb wird dir zur Quelle deiner Verzweiflung. Das Machen kann also nicht das eigentliche Prinzip des Lebens sein. Diese Aussagen betonen nicht die Unfähigkeit des Menschen, sondern die Qualität seines Lebens, die aus der Liebe stammt. Vor der Liebe kann man sich nicht rechtfertigen, man kann sie nicht verdienen und man kann sich ihrer nicht würdig erweisen. Aber man kann eintreten in die Bewegung der Zärtlichkeit, und dazu fordert der zweite, oben zitierte anthropologische Grundsatz auf: Du bist nicht für dich allein auf der Welt. Wie du existierst, weil du geliebt bist, und nicht weil du dich selbst erschaffen hast, so verhilf dem Leben durch deine Zärtlichkeit zu sich selbst. Sei mütterlich dem

Leben gegenüber; nähre, schütze und wärme es! Deine Geste soll nicht die der Herrschaft sein, weder Menschen noch der übrigen Natur gegenüber.

Der Mensch ist nicht bei sich selbst zu Hause. Das ist ein unumstößlicher Grundsatz der christlichen Tradition. Er ist bei dem zu Hause, der ihn liebt, bei Gott, und er ist bei denen zu Hause, die er selbst liebt, bei seinen Brüdern und Schwestern und bei allen Geschöpfen Gottes. Dies sind theologische Aussagen, die, wenn sie nur halbwegs ernst genommen würden, die imperialistischen Attitüden der Christen zerbrechen müßten.

Vielleicht werden wir einmal lernen, Unerträgliches nicht mehr zu ertragen. Vielleicht werden wir einmal lernen, die Tugenden der Entsagung und des Verzichts nicht mehr an die Gruppen von Menschen zu delegieren, die wir zu Opfern auserwählt haben. Aber dann werden die Macher neu lernen müssen, daß wir nicht alles machen dürfen. Und wir werden lernen müssen, daß das Glück aller wichtiger ist als unser privates Glück. Wir werden dem Schmerz eine Stelle einräumen, der Geduld und der Treue. Und wir werden eine große Lebenserleichterung lernen: daß wir uns selbst nicht völlig in der Hand haben und daß wir uns nicht in der eigenen Hand bergen müssen.

Einübung in die Begrenzung

Zu Hause sind wir, wo wir die Menschen mit Namen kennen und wo uns die Dinge, die uns umgeben, einleuchten. Das erste ist verständlich. Leben kann man nur, wo man nicht allein lebt. Aber inwiefern machen auch die Dinge die Heimat des Menschen aus? Die »Dinge« sind hier die Gesamtheit der materiellen Lebensbedingungen des Menschen, das Haus, in dem er wohnt, das Wetter, von dem er abhängig ist, sein Essen und die Instrumente seiner Arbeit. Können auch diese Dinge einen Namen haben, den Menschen beheimaten und ihm mehr sein als von ihm getrennte Instrumente seiner Lebensbewältigung?

Nehmen wir einen kleinen Bauern aus der Eifel, wie er vor vielleicht hundert Jahren gelebt hat. War er zu Hause in seiner materiellen Lebenswelt? Leuchteten ihm die Dinge ein, mit denen er umging? Zunächst ist die Antwort: nein. Wie hätten ihm die hohen Pachtzinsen einleuchten können, die er vielleicht zu zahlen hatte? Wie hätte ihm die Tücke des Wetters einleuchten können, bei dem er die Kartoffeln nicht aus dem Boden oder das Heu nicht in die Scheune bekam? Wie hätte ihm die Krankheit seiner Kinder einleuchten können, gegen die er sich nicht wehren konnte? Die Dinge hatten zu viel Gewalt über ihn, sie knechteten ihn, sie ließen ihn nur halb leben. Sie konnten ihn so verstören, daß in ihm ein tiefes Gefühl wuchs, »nur Gast auf Erden«, also gerade nicht in der Heimat zu sein.

Das ist aber nicht die ganze Antwort. Auf andere Weise war er viel mehr zu Hause in den Dingen, als wir es in unserer Lebenswelt sind. Er ging mit vielen Dingen um, die er – anders als wir – in ihrem Wesen und nicht nur in ihrem Nutzen kannte. Er kannte sein Haus anders, weil er daran gearbeitet hat, es vielleicht gebaut und nicht nur gekauft hatte. Er kannte das, was er aß, weil er es gepflanzt und gezogen und zum Essen zubereitet hatte. Er hatte es nicht nur fertig oder halb fertig erworben. Er kannte die Werkzeuge, mit denen er umging, weil er sie entweder selbst hergestellt hatte oder beim Prozeß ihrer Erhaltung beteiligt war. Wenn seine Sense stumpf war, gab er sie nicht zur Reparatur zu einem Fachmann, er dengelte sie selbst. Die Gegenstände, mit denen er umging, waren ihm vertraut, weil er an ihnen und mit ihnen arbeitete und weil ihre Funktionsgesetze meistens so einfach waren, daß er sie durchschauen konnte. Arbeit und Wissen machten ihm die Welt kenntlich und einleuchtend. Sie erlaubten eine Unmittelbarkeit den Dingen gegenüber, in der diese einen Namen bekommen, in der der Mensch in ein Verhältnis zu ihnen trat. Die Objekte rückten dem Menschen so nahe, daß er in ihnen zu Hause war.

Vergleichen wir uns selbst nun mit dem Bauern aus der Eifel vor hundert Jahren. Wir sind, anders als er, unabhängig von den Diktaten unserer Lebenswelt. Wir können mit Krankheiten anders umgehen; den meisten von uns ist das tägliche Brot selbstverständlich; wir kämpfen nicht ums reine Überleben, wie es die Generationen vor uns getan haben.

Eines hatte uns der Bauer voraus: Ihm war die Notwendigkeit seiner Produktionen unmittelbar einleuchtend. Er brauchte Futter für sein Vieh und Brot für seine Kinder. Er brauchte ein Haus und Kleider zum Schutz gegen das Wetter. Diese unmittelbare Einsicht in unsere Arbeit haben wir meistens nicht. Wir produzieren mehr Totes als Lebendiges, mehr Waffen als Brot, mehr Überflüssiges als Notwendiges. Wo Notwendiges produziert wird, ist dem Arbeiter ein Stück Hingabe an seine Gegenstände möglich. Die Produktion von Totem macht die Hingabe unmöglich.

Wir haben uns mit einer Welt von Dingen umgeben, für die wir keine Namen haben, an denen wir nicht gearbeitet haben und deren Wesen wir nicht mehr durchschauen können, sondern nur noch ihre Funktion. Ich meine die

Maschinen. Wir sind umgeben von Maschinen, die wir beherrschen, aber nicht verstehen: Sprechmaschinen, Schreibmaschinen, Wärmemaschinen, Lichtmaschinen, Reisemaschinen, neuerdings auch Denkmaschinen; Maschinen, die uns fast jeden Handgriff abnehmen, vom Dosenöffnen bis zum Umschalten der Fernsehprogramme. Fast jede einzelne dieser Maschinen ist zu rechtfertigen. Alle zusammen aber bilden einen Kosmos, dessen Gesetze nicht mehr die der Menschen sind und die sich doch dem Menschen als unvermeidlich aufdrängen.

Die hilfreiche Allgegenwart der Technik trennt uns von der Natur der Dinge. Ein Beispiel: Wollte ich vor hundert Jahren nach Rom, dann mußte ich eine Reise machen. Rom war mir nicht jederzeit – ob winters oder sommers – verfügbar. Ich mußte es erobern. Ich mußte das Wetter aushalten, ich mußte mich für lange Zeit verproviantieren, ich mußte mit Gefahren rechnen. Rom war aber zugleich nicht nur Rom. Es war auch die Reise nach Rom. Es gab nicht nur den unmittelbaren Besitz der Stadt. Eine zeitaufwendige und langfristige Annäherung an diese Stadt war nötig. Und näherte man sich endlich dieser Stadt, dann war sie wie eine lang gewachsene Frucht. Ich war anders in Rom, weil ich mir für die Annäherung Zeit gelassen habe. Rom hatte mir seinen Widerstand entgegengesetzt, und ich mußte es erobern, oder weniger kriegerisch gesagt: Ich mußte es mir erarbeiten. Will ich heute nach Rom, so kann ich von Hamburg aus, sofern ich Geld dafür habe, in etwa zwei Stunden dort sein. Es steht mir zur Verfügung. Und das hat Folgen für mein Verhältnis zu dieser Stadt. Sie wird mir gewöhnlicher, alltäglicher, weniger kostbar sein, weil ich mich ihr nicht langsam angenähert habe. Die Annäherung gehört zur Erfahrung der Sache selbst. Der Wegfall der widerständigen Annäherung an die Sache deerotisiert sie selbst. Sie wird weniger wichtig und austauschbar. Der Weg zur Sache gehört zur Erfahrung der Sache. Nun ist die technisch ermöglichte Umweglosigkeit zu den Dingen unsere alltägliche Selbstverständlichkeit. In fauler Unmittelbarkeit stehen sie uns als solche rasch zur Verfügung. Die Anreise spielt keine Rolle mehr, das Ziel steht schon ohne den Vorhof der Erarbeitung zur Verfügung. Und dabei bleibt uns das Ziel merkwürdig fremd, obwohl es erreichbarer ist als früher in den Zeiten der umständlichen Annäherung. Ich nähere mich diesem Ziel nicht mit dem Mittel der Arbeit, sondern ich kaufe es. Die ganze Frage ist, ob ich Geld genug habe, die Zeit wegzukaufen, die Distanzen wegzukaufen, die Widerstände wegzukaufen. Die Käuflichkeit des Lebens statt seiner Erarbeitung gibt diesem selbst etwas Hurenhaftes.

Was können wir tun, um der Allmacht, der Allwissenheit und der Allgegenwart der Technik zu entkommen? Was können wir dafür tun, daß die Dinge selbst wieder zu uns sprechen, uns beheimaten und für uns einen Namen gewinnen? Wie können wir mit den Maschinen leben, ohne daß sie unsere Gesetzgeber werden? Wir wollen sie ja nicht einfach abschaffen. Sie haben uns eine Freiheit aus der Welt der Notwendigkeiten gebracht, auf die wir nicht mehr verzichten wollen.

Was haben denn die Menschen früher getan, wenn sich die Möglichkeiten ihres Lebens zu verselbständigen drohten und ihnen ihre Gesetze aufzwingen wollten? Wenn der Hunger zur Freßlust wurde, das Trinken zum Saufen, der Umgang mit Menschen zur Unfähigkeit, allein zu leben? Sie haben sich freiwillig gewisser, sie erstickender Lebensmöglichkeiten enthalten. Sie haben weniger gegessen, weniger getrunken, sind überlegter mit Menschen umgegangen und haben zumindest zeitweilig die Einsamkeit gesucht. Sie versuchten, mit dem Mittel der Enthaltung Herr ihrer selbst zu bleiben und sich dem Oktroi der puren Möglichkeiten zu entziehen. Ich vermute, es hat noch keine Kultur gegeben, in der die Subjekte sich nicht zumindest zeitweise ihrer eigenen Möglichkeit beraubten, um bei sich selbst zu bleiben. Die Realisierung aller Möglichkeiten, die der Mensch hat, hat noch nie seine Freiheit vermehrt, sondern eher seine Unterwerfung unter diese Möglichkeiten gefördert. Man kann dadurch verblöden, daß man zuwenig Lebensmöglichkeiten hat. Das wissen wir alle. Weit weniger wissen wir, daß es eine Verblödung durch eine Überfülle an Möglichkeiten gibt. Der Mensch hat nur ein bestimmtes Quantum an erotischer Energie, er ist endlich. Will er alles realisieren, was der neue technische Zugang zur Welt ermöglicht, dann bleibt die einzelne Realisierung erotisch immer unterbesetzt, sie ist fade, langweilig und ein falsches Versprechen. Die Technik mit ihren ungeheuren Möglichkeiten des Lebens, die sie uns anbietet, will uns zu den großen Don Juans des Lebens machen. Aber Don Juan war kein großer Erotiker. Er war eher ein manisch getriebener Heimatloser. Die Allmöglichkeit macht uns zu Fremden in unserer eigenen Welt.

Heimat kann uns ja nur etwas sein, was seine Grenzen hat. Es gibt keine Beheimatung des Menschen ohne Selbstbegrenzung und Entsagung. Es gibt keine Erotik ohne Askese.

Was heißt das für unser praktisches Verhalten in einer Lebenswelt, die so sehr durch die Technik und deren fast unbegrenzte Möglichkeiten bestimmt ist? Welche neue Moral haben wir in dieser Welt zu versuchen, damit uns unsere Freiheit nicht verlorengeht?

Wir sollten die Dinge kennenlernen, mit denen wir täglich umgehen. In meiner Schulzeit auf einem humanistischen Gymnasium galt es noch als fein, gut zu sein in alten Sprachen, in Deutsch und Geschichte und zugleich in Physik ein Mangelhaft zu haben. Die Lebensinterpretationen wurden von den humanistischen Fächern erwartet. Was man von den naturwissenschaftlichen Fächern zu erwarten hatte und wozu sie gut waren, wußte man nicht so recht. Vielleicht ist das verständlich, weil die Totalität der Maschine damals in einem geringeren Maße unser Leben und unsere Welt bestimmte als heute. In der heutigen Zeit aber sind die naturwissenschaftlichen und technischen Kenntnisse in einem hohen Maße Beheimatungswissen. Ich bin in dieser Welt vertrauter, wenn ich weiß, nach welchen Gesetzen das Auto funktioniert, mit dem ich täglich fahre; das Telefon, das ich täglich benutze; der Kühlschrank und der Fernseher, der in unserer Gesellschaft eine mächtigere Wirklichkeit ist als Kirche und Christentum. Selbstverständlich können wir nicht mehr alle Maschinen verstehen, mit denen wir umgehen; zumindest nicht vollständig. Aber vielleicht könnte doch als Annäherungsregel gelten: Versuche, das zu verstehen, womit du umgehst! Und dies nicht nur in einem praktischen Sinn, damit man das Auto, den Kühlschrank und den Fernseher selbst reparieren kann. Das ist kaum möglich. Vielmehr so, daß die uns umgebende Welt nicht vollständig den Charakter einer Black Box annimmt, in die ich einen Impuls eingebe, um einen Zweck zu erreichen, bei der ich aber die Zwischenvorgänge selbst nicht mehr durchschauen kann. Vielleicht müssen in unseren Schulen die Fächer Technik und Arbeitslehre einen anderen als nur einen beiläufigen Stellenwert erhalten.

Wir sollten nicht völlig auf die Erarbeitung von Dingen verzichten, obwohl wir sie schneller, billiger und vielleicht sogar besser kaufen können. Wir hatten neulich Kollegen zu Besuch. Der eine brachte ein Glas Honig mit, gewonnen von den eigenen Bienen. Der andere brachte ein selbstgebackenes Brot, der dritte Gemüse aus seinem eigenen Garten. Diese Menschen halten nicht hauptberuflich Bienen oder backen Brot. Aber gelegentlich vermeiden sie die raschen Abkürzungen des Lebens. Sie lassen sich Zeit, und das selbstgebackene Brot ist wie verschenkte Zeit. Sie widersprechen dem Satz, daß Zeit Geld ist und Geld Zeit. Sie beheimaten sich, indem sie sich mit Dingen umgeben, die sie selbst hergestellt haben, das Brot, einen Tisch, ein Kleidungsstück. Sie leben von Vorgängen, nicht nur von Produkten. Sie entziehen sich der Verdummung und der Entsinnlichung, indem sie auf die Erfahrung, also auf den Weg zur Sache nicht verzichten. Sicher entbehrt die alternative Szene nicht einer gewissen Komik, wenn sie nur von Selbstgebackenem, Selbstgestricktem, Selbstgesammeltem leben will. Komisch finde ich den Gesundheitsglauben, mit dem sie ihre Selbsterzeugnisse rationalisieren. Ernsthaft und der Menschen würdig aber ist ihr Versuch, an die Dinge selbst zu kommen, sie zu ehren, indem sie sich ihrer einseitigen maschinellen Produktion verweigern. Das Brot, das sie selbst gebacken haben, ist besser; nicht, weil es gesünder wäre, nicht, weil es besser schmeckt, sondern weil jeder seiner Hände Arbeit, den Umweg der Liebe aus ihm herausschmeckt.

Wir sollten uns – zumindest auf Zeit – der Dinge enthalten, die wir nicht wirklich brauchen. Die Zeit, die wir aufwenden, um mit unseren Händen zu erarbeiten, was uns die Maschinen eigentlich abnehmen könnten, ist keine verlorene Zeit. Die Zeit, die wir aufwenden, um einen Weg zu machen, den wir nicht mit dem Auto abkürzen, ist keine verlorene Zeit. Die Welt wird menschenähnlicher in der gegen die Allgegenwart der Maschine behaupteten Zeit. Vielleicht lebten wir auch miteinander weniger herrisch, wenn wir die Zeit einer Sache respektierten und den Weg zu ihr, wenn wir nicht mit Hilfe der Maschinen Weg und Zeit ständig von den Zielen abschnitten, die wir erreichen wollen. Vielleicht gelänge es uns, die Dinge wieder zu berühren, und nicht nur, sie zu behandeln.

Lies Bücher – und werde ein Buch!

»Sei ein Buch, und lies keine Bücher!« – Diese Aufforderung fand ich im Fahrstuhl eines Universitätsgebäudes hingekritzelt. Der Satz ist mir fremd, und er ärgert mich. Aber ich erkenne in ihm die Stimme vieler Menschen, mit denen ich umgehe – nicht nur jüngerer Menschen. Ich will versuchen, die Wahrheit und die Trostlosigkeit dieses Satzes zu verstehen.

Übrigens gibt es Belege für diesen Satz aus früheren Zeiten. Er ist nicht neu. Ernst Robert Curtius empörte sich 1932 über Alfred Döblin, der erklärt hatte, daß er noch nie ein Buch von Balzac gelesen habe. »Nicht Balzac zu lesen«, so hatte Döblin geschrieben, »gehört für mich ebenso zu den Selbstverständlichkeiten wie in einer großen Stadt nicht die Sehenswürdigkeiten zu besuchen.«

Was könnte Döblin und den Studenten aus dem Fahrstuhl – ich hoffe, es war kein Professor! – dazu bewogen haben, die in Büchern vorliegenden Ideen und Lebensvorschläge zu verachten und einem Bildungsabbau, wie Curtius es nennt, das Wort zu reden? Vielleicht war es die Furcht vor der »gelehrten Vertrocknung« (Döblin). Das Buch schiebt sich zwischen den Leser und das Leben. Es bietet statt unmittelbarer nur die präparierte Erfahrung. »Zwischen den Büchern und der Wirklichkeit ist eine alte Feindschaft gesetzt. Das Geschriebene schob sich an die Stelle der Wirklichkeit, in der Funktion, sie als das endgültig Rubrizierte und Gesicherte überflüssig zu machen. Die geschriebene und schließlich gedruckte Tradition ist immer wieder zur Schwächung von Authentizität der Erfahrung geworden. Es gibt so etwas wie die Arroganz der Bücher durch ihre bloße Quantität, die schon nach einer gewissen Zeit schreibender Kultur den überwältigenden Eindruck erzeugt, hier müsse alles stehen und es sei sinnlos, in der Spanne des ohnehin allzu kurzen Lebens noch einmal hinzusehen und wahrzunehmen, was einmal zur Kenntnis genommen und gebracht worden war« (Hans Blumenberg: Die Lesbarkeit der Welt. Frankfurt a. M. 1981, Seite 17). Wie Hans Blumenberg es sagt, hätte es auch unser Student ausdrücken können: »Bücher machen kurzsichtig und lahmärschig, ersetzen, was nicht ersetzbar ist.«

Mit einem gewissen Ingrimm gebe ich, der ich gerne Bücher lese, zu, daß dies eine Möglichkeit der Bücher ist. Damit wäre der zweite Teil des studentischen Satzes »Lies keine Bücher!« verständlich, wenn auch nicht gerechtfertigt. Ich verstehe, was er will, wenn der Student seinen kleinen antiliterarischen Psalm auf die Wand des Fahrstuhls schreibt.

Seine Aufforderung lautet: »Sei ein Buch!« Nun, ich habe auch damit meine Schwierigkeiten. Ich möchte mit Döblin gegen den Studenten sagen: Oft wird man geschrieben, wo man zu schreiben glaubt. Und wo man meint, ein Buch zu sein – originell, neu und authentisch –, da ist man schon lange eine Nachschrift. Trotzdem formuliert der Student einen neuen, wichtigen und nicht mehr zu vergessenden Wunsch. Er gibt sich nicht mehr damit zufrieden, die Weisheiten und die Erfahrungen der Alten zu postfigurieren. Er will bei allem, was in seiner Welt geschieht, bei aller Erfahrung, die gemacht wird, und bei aller Weisheit, die möglich ist, Produzent und Autor sein, zumindest Ko-Produzent und Ko-Autor. Er will sich nicht mehr vertreten lassen und verlangt, Subjekt seiner Handlungen und seiner Erkenntnisse zu sein in allen Räumen, in denen er sich bewegt. Und wer etwas Eigenes sagen will, der muß vielleicht – zumindest auf Zeit – die vorliegenden Sprechweisen verachten oder gar zerstören.

Der Wunsch der Jugend nach Autorenschaft für das eigene Leben läßt sich an vielen Beispielen belegen. Ich nehme für den kirchlichen Raum das Beispiel Gottesdienst. Zu einem entscheidenden Kriterium eines gelungenen Gottesdienstes wird immer mehr, daß die Teilnehmer in ihm zur Sprache kommen. Sie wollen nicht mehr nur »Gemeinde unter dem Wort« sein. Hören wird fast zu einer beiläufigen Fähigkeit. Gestalten, reden, sich selber explizieren wird zu einem unaufgebbaren Wunsch.

Ich nenne ein anderes Beispiel: Würde ich für Studenten ein Wochenende anbieten mit dem Vorschlag, gemeinsam die lukanischen Gleichnisse zu lesen, dann würden nur wenige kommen. Böte ich aber ein Wochenende an zur bibliodramatischen Bearbeitung des Gleichnisses vom verlorenen Sohn, dann wäre das Haus voll. – Warum?

Die Bibel lesen im alten Sinn heißt vor allem nachvollziehen, was geschrieben steht. Erwartet wird Hören und Gehorchen. Gewünscht werden die imitativen und rezeptiven Fähigkeiten des Menschen. Es geht nicht darum, sich selbst, sondern die Früchte des Wortes einzubringen. Man bringt eine fremde Ernte ein. Die bibliodramatische Situation aber hat zumindest zwei Autoren: einmal den biblischen Text, zum anderen die gestalterischen Kräfte der Gruppe. Der Text geht nicht nur mit der Gruppe um, die Gruppe geht auch mit dem Text um. Sie inszeniert nicht nur ihn, sie inszeniert sich auch selber, manchmal vielleicht so sehr, daß vom Text nicht mehr viel übrigbleibt. Der Text hat nur noch eine partielle Souveränität bei dem, was geschieht.

»Sei ein Buch, und lies keine Bücher!« Ich gebe zu, dieser Satz hat seine Stärke und seine Wahrheit. Aber ich vermute, daß es auch ein Satz der Trostlosigkeit ist, und dies will ich erklären. Bis in die neueste Zeit war das Bibellesen das Urbild allen Lesens. Ich stelle mir einen Mönch vor, der in seiner Zelle sitzt und die Bibel liest. Der Mönch setzt dabei, ihm selbstverständlich, einiges voraus. Er glaubt daran, daß die Welt als Ganzes beschreibbar ist. Er glaubt an die Zusammenhänge und an die Ordnungen des Lebens. Gott hat die Welt gemacht und erhält sie. Es hat alles seinen Sinn, wenn dieser auch geheimnisvoll sein mag. Die Grundzüge dessen, was man glauben und was man tun soll, sind schon mitgeteilt. Was noch zu tun bleibt, ist, das Mitgeteilte zu kommentieren und zu überliefern.

Ähnliches setzten die Menschen früher voraus, wenn sie

andere Bücher als die Bibel lasen: Es gibt Ordnungen. Sie sind ablesbar und beschreibbar. Das Buch, auch das profane, hat eine Künderstimme. Es geht immer aufs Ganze. Es beschreibt nicht nur ein monadisches Partikel der Welt. In der Teilbeschreibung leuchtet immer der Glaube an den Zusammenhang des Ganzen auf. Es gibt Weisheiten, die gefunden, und Erfahrungen, die gemacht worden sind, die auch für morgen und für übermorgen taugen. Vielleicht fällt es uns Älteren deswegen so schwer, ein Buch wegzuwerfen, weil wir noch einen Rest des Gefühles haben, ein Heiliges von uns zu geben, in dem sich die beschreibbare Ordnung der Welt dokumentiert. Das Buch hatte Autorität. Wir hatten ihm gegenüber einen »Es-steht-geschrieben«-Glauben. Lesen hieß also früher nicht nur etwas zur Kenntnis nehmen; es hieß auch sich vergewissern darin, daß es einen Zusammenhang der Welt gibt. In gewisser Weise war Lesen ein Akt der Frömmigkeit.

Nachdem die Bibel ihre zentrale Stelle der Welterklärung verloren hatte und nachdem von dem Sturz der Bibel auch alle anderen Bücher mitbetroffen waren, da schien es noch ein Buch zu geben, das lesbar war wie die Bibel: das Buch der Natur. Die Gesetze des Wachsens und des Vergehens und des Zusammenhangs des einzelnen mit dem Ganzen konnte man studieren in diesem Buch der Natur. Gewiß, es waren kältere Gesetze, die man dort fand. Im Gegensatz zur Bibel achteten sie den einzelnen nicht. Im Gegensatz zur Bibel schritten diese Gesetze mit großartiger und kalter Souveränität über den einzelnen hinweg. Aber es waren Gesetze erkennbar, es lag etwas vor. Und wenn etwas vorliegt, und sei es noch so kalt und rücksichtslos dem Subjekt gegenüber, dann scheint noch nicht alles verloren zu sein. Dann ist immer noch Kosmos da – und nicht Chaos. Dann ist die Welt im Grunde noch verläßlich, auch wenn sie für das einzelne Subjekt unverläßlich genug ist.

Ich hatte vor kurzem einen Menschen zu Besuch, mit dem ich eng befreundet bin. Er ist Jurist. Ich kenne ihn seit langem aus politischer Arbeit und aus der Arbeit in der

Kirche. Nachdem wir uns wieder vertraut geredet hatten, sagte er mir, daß er sich sehr ernsthaft mit der Astrologie beschäftige. Wenn er sich einem Menschen nähert oder wenn ihn ein Ereignis in besonderer Weise betrifft, studiert er die Konstellationen. Er ist nicht verschroben. Er will keine Zukunft vorauswissen. Aber im Studium der Sterne will er wissen, nach welchen Gesetzen sein Leben und seine Bewegungen ablaufen. Es scheint so etwas wie ein kalter Trost zu sein, die Gesetze der Abläufe des gegenwärtigen Lebens zu wissen, wenn man die Zukunft schon nicht erkennen kann und wenn man nicht mehr weiß, wer das Ganze in der Hand hat. Ätiologie als Sinngebung!

Ich komme noch einmal auf den Satz des Studenten zurück: »Sei ein Buch, und lies keine Bücher!« Gut, in ihm spricht sich ein Stück Zugewinn an Lebensstärke aus: Sei der Autor und das Subjekt deines eigenen Lebens! Die Bibel ist für die meisten endgültig geschlossen, mit ihr die anderen Bücher, die aufs Ganze gehen. Wir wissen auch zu viel, als daß wir aus dem Buch der Natur den Sinn für das Ganze ablesen könnten. Die Gesetze der Natur trösten nicht mehr. Könnte es sein, daß der Autor des Wandspruches glaubt, man könne sich auf nichts mehr berufen außer auf sich selbst? Wenn das so ist, dann ist die neue Subjektivität nicht nur ein Gewinn an Stärke – dies ist sie sicher –, sondern auch ein Zeichen der Einsamkeit des Menschen in seiner Welt.

Wer liest, wer also glaubt, daß etwas beschreibbar und aufgeschrieben ist, sitzt still, ist ruhig, läßt keine eigenen Bewegungen zwischen sich und das Wort kommen. Er will weder durch sich selbst noch durch andere gestört werden. Das Ohr ist sein eigentliches Organ. Er will hören.

Die neuen Formen, in denen die Menschen ihre Subjektivität entwerfen, sind viel aktiver. Es herrschen die dramatischen Elemente vor. Nehmen wir das Bibliodrama im Vergleich zum Bibellesen! Es arbeitet mit den drastischen Elementen von Bewegung und Gestaltung, es ist Aufführung. Die Inszenierung ist immer auch eine Methode der Identifizierung mit einem Sachverhalt, eine bessere und intensivere vielleicht als das Lesen.

Aber, so frage ich vorsichtig, gibt es nicht so etwas wie einen Ersatz des Sinnes durch Bewegung und pure Aktivität? Wer den Film »Easy Rider« gesehen hat, dem wird dies vielleicht unmittelbar einleuchten. Jugendliche fahren auf ihren Motorrädern Tausende von Kilometern – ziellos. Das Ziel ist das Fahren selber, die nicht mehr auf eine Sache gerichtete Aktivität, die Fortbewegung als Horror vacui, als Angst vor dem Blick in das aufgetane Nichts und in die Sinnlosigkeit: die Einsamkeit des Langstreckenläufers!

Man könnte sagen, daß das Lesen weithin ersetzt wird durch das Experimentieren. Die Alten sind nicht mehr ohne weiteres Hüter der Weisheit. Was uns an Überlieferungen vorliegt, genügt nicht mehr, um mit dem Leben fertig zu werden. Als mein Vater jung war, konnte mein Großvater vielleicht noch sagen, daß er in seiner Jugend ähnliche Erfahrungen gemacht habe, ähnliche Fragen und Probleme gehabt habe wie mein Vater. Und weil die Fragen ähnlich waren, darum konnte mein Großvater meinem Vater raten und ihm seine Lebenslösungen anbieten. In sich nur langsam ändernden Zeiten ist der Ältere fast immer der Weisere. Es war in solchen Zeiten richtig, Alter und Weisheit beieinander zu vermuten.

Mein Vater könnte mir, wenn er noch lebte, für die Hauptprobleme meines Lebens nicht mehr raten. Wir haben Erfahrungen gemacht, die eben noch keine Generation vor uns gemacht hat, und wir haben Fragen, wie sie sich vor uns noch niemandem gestellt haben. Da sind einmal die Erfahrungen der Zerstörung, die wir gemacht haben. Niemand hat vor uns in einem Jahrhundert gelebt, in dem so viele Menschen so systematisch getötet wurden. Ist es ein Wunder, daß ganze Generationen das Vertrauen in das vorliegende Kulturgut verloren haben? Da sind die Zerstörungen, die möglicherweise auf uns zukommen. Es hat eben vor uns noch keine Welt gegeben, die so sehr mit der Möglichkeit gespielt hat, sich selbst zu liquidieren. Die anderen Welten waren nicht besser, aber sie hatten einfach nicht unsere Möglichkeiten. Niemals hat jemand in einer so bedrohten Natur gelebt, wie wir es tun. Wo sollen wir ablesen, was zu tun ist? Wo steht es geschrieben?

Ich rede hier nicht einem Fatalismus das Wort, der glaubt, daß die Wahrheit unerkennbar geworden sei. Aber nachlesen wie in früheren Zeiten kann man die Wahrheit nicht mehr ohne weiteres.

Nicht nur bei der politischen Handhabung der anstehenden Gegenwartsprobleme sind wir unberaten. Auch unser persönliches Leben können wir nicht mehr ohne weiteres nach den Vorbildern der Alten gestalten. Wir sind ratlos in den Fragen unseres Glaubens, unserer Beziehungen und unserer Lebensgestaltungen. Alles muß neu verabredet, neu gerechtfertigt und neu ausprobiert werden. Keine Generation mußte bisher so sehr durch Versuch und Irrtum lernen wie wir. Bestand die Weisheit der alten Gesellschaft im Buch, aufschreibbar und überlieferbar, dann scheint die unsere im Experiment zu bestehen, ob wir wollen oder nicht.

Und unsere Kinder? Der Student, der den Satz an die Wand des Fahrstuhls geschrieben hat? Wir Älteren sind vertrieben worden aus der Heimat der stummen Selbstverständlichkeiten. Aber wir können uns wenigstens daran erinnern, daß es einmal eine in ihren Grundzügen selbstverständliche Welt gegeben hat. Unsere Kinder sind noch in einem ganz anderen Maße zur Freiheit des Experiments verurteilt. Sie haben eine schwere Arbeit zu leisten, die Lebenskontur zu finden, die für sie verbindlich ist. Ich vermute, wir Älteren können gar nicht hoch genug schätzen, eine wie schwere Arbeit junge Menschen leisten, wenn sie versuchen herauszubekommen, wer sie sind, wozu sie gehören, was sie für verbindlich halten und wie sie leben wollen. Es mag sein, daß jener Student in seiner Leseunwilligkeit töricht ist, vir unius libri, Mann eines einzigen Buches, wie die Alten den auf sich selbst beschränkten Menschen genannt haben. Aber was hat er mit seinen 22 oder 25 Jahren schon an Lebensarbeit geleistet, er, der auf den wichtigsten Gebieten seines Lebens ohne Väter und ohne Mütter leben muß!

Was würde ich dem Studenten sagen, wenn ich ihn kennte? Zunächst kann ich ihn nicht nur bedauern wegen der Lebensarbeit, die ihm aufgegeben ist. Zweifel und Bewußtsein haben ihm auch eine Freiheit gegeben, die die meisten meiner Generation in seinem Alter nicht hatten. Er hat sich neue Instrumente der Welteroberung erworben, die das Lesen nicht erübrigen, die ihn vielleicht aber unabhängiger machen vom reinen Lesen, als wir es waren. Er reist zum Beispiel, er sieht Filme, er hat seine Gruppen der Erfahrung und des Selbstausdrucks, Instrumente also einer neuen Bewußtheit, die durch Lesen allein nicht zu gewinnen ist. Einige dieser Instrumente sind mir nicht mehr zugänglich, vielleicht auch deswegen, weil ich als alter Leser in meinem Mißtrauen gegen sie mir selbst im Wege stehe, sie zu benutzen.

Vielleicht würde ich den Studenten fragen, ob er mit seiner Lesefeindlichkeit nicht darauf verzichtet, ein Allgemeines herzustellen. Was gut, wahr und schön ist, kann nicht nur vom Individuum festgestellt und nicht nur für das einzelne Subjekt benannt werden. Es muß an einer Übereinkunft und an einem Einverständnis gearbeitet werden, und zwar von vielen. Sie wenigstens müssen wir herzustellen versuchen, wenn es schon keine Klassik der Ideen und der Lebensauffassungen mehr gibt. Der Verzicht auf die allgemeine Vernunft und auf den allgemeinen Verstand führt ja durchweg nicht zu höherer Vernunft, sondern zu mehr Barbarei.

Es gibt viele Partner bei der Aushandlung dessen, was gelten soll und was wahr ist. Der Partner mit der wichtigsten Stimme ist das Buch. Und zwar das *alte* Buch, das nicht nur fragmentarisierte Selbsterfahrungen reproduziert. Das *alte* Buch, das noch einmal einen Zusammenhang zwischen den Einzelerscheinungen herzustellen versucht; das Buch, das noch einmal aufs Ganze geht – wie die Bibel.

Allan Boesak
Schreibe dem Engel Südafrikas
Trost und Protest in der Apokalypse des Johannes
158 Seiten, kartoniert · ISBN 3-7831-0913-2

Das Buch der Apokalypse, der Geheimen Offenbarung des Johannes, eines verbannten Priesters auf Patmos, gilt als eines der unbekanntesten und schwerverständlichsten Bücher der Bibel. Es ist voll von unerklärlichen Symbolen und Bildern, verschlüsselten Hinweisen und erregenden apokalyptischen Visionen. Der bekannte südafrikanische Kirchenführer Allan Boesak interpretiert es vor dem Hintergrund der politischen Realität seines Landes. Sein Buch ist ein Zeugnis für Trost und Protest, eine Vision der Liebe und Gerechtigkeit mitten in einer Welt, die aus den Fugen geraten ist. Das Drama der Apokalypse spielt auch in unseren Tagen.

Annette E. Dumbach/Jud Newborn
Wir sind euer Gewissen
Die Geschichte der Weißen Rose
Vorwort von Dorothee Sölle
268 Seiten, kartoniert · ISBN 3-7831-0879-9

Präzise recherchiert, packend und lebendig erzählt, zeichnet dieses Buch das Porträt einer studentischen Widerstandsgruppe im Dritten Reich, die unter dem Namen »Weiße Rose« bekannt wurde. Es ist die Geschichte mutiger, unerschrockener Unschuld, die aus christlichem Glauben gegen das abscheulich Böse kämpfte, selbst um den Preis der eigenen Vernichtung. Zum ersten Mal eine vollständige Erzählung des Schicksals dieser Gruppe, die keinen Leser unberührt lassen wird.

Kreuz Verlag